Das Titelbild zeigt die Figur »Der Fliehende« in dem von der Bildhauerin Ingeborg Hunzinger geschaffenen Denkmal zu den Ereignissen in der Rosenstraße während der ersten Märzwoche 1943.

Frauenprotest in der Rosenstraße

Impressum:

CIP-Titelaufnahme der Deutschen Bibliothek
Jochheim, Gernot
Frauenprotest, Berlin / Gernot Jochheim
Hentrich, 1993

Reihe Deutsche Vergangenheit
Stätten der Geschichte Berlins Bd. 85

Schrift: Bembo
Papier: 100 g/m² Chlorfrei gestrichen Velva Offset
Herstellung: Druckhaus Hentrich GmbH, Berlin
Lithos: JUP Industrie- und Presseklischee, Berlin
Buchbinder: Buchbinderei Heinz Stein, Berlin

ISBN 3-89468-066-0
1. Auflage 1993
Printed in Germany

Gernot Jochheim

Frauenprotest in der Rosenstraße

»Gebt uns unsere Männer wieder«

EDITION HENTRICH

Kaum ein größeres Wunder ist denkbar
als das Überleben eines Juden während der letzten Jahre
des Zweiten Weltkrieges in Berlin.

Leonhard Gross, 1981

Ihr, die ihr diese Zeit überlebt, vergeßt nicht.
Vergeßt die Guten nicht und nicht die Schlechten.
Ich möchte, daß man weiß:
daß es Menschen waren, die … ihr Gesicht,
… ihre Hoffnung hatten,
und daß deshalb der Schmerz auch des letzten unter ihnen
nicht kleiner war als der Schmerz des ersten,
dessen Name erhalten bleibt.

Julius Fucik

Ermordet am 8. September 1943 in Plötzensee

Inhaltsverzeichnis

Einführung

Hans Grossmanns Geschichte

Teil 1: Das unsichtbare Ghetto

Teil 2: Der sichtbare Schrecken

Teil 3: Der Kampf in der Rosenstraße

Einführung

1. Das Geschehen in der Rosenstraße

In der ersten Märzwoche 1943 protestierten in der Rosenstraße in Berlin-Mitte tage- und nächtelang viele hundert Menschen – überwiegend Frauen – gegen eine Deportation ihrer jüdischen Ehepartner, Kinder und Verlobten, die dort, nämlich im Gebäude der ehemaligen Sozial-Verwaltung der Jüdischen Gemeinde (Rosenstraße 2–4), gefangengehalten wurden.
Kein Einschüchterungsversuch von seiten der Gestapo oder der SS – auch nicht die Drohung, mit Maschinengewehren in die Menge zu schießen – vermochte den Protest zu unterbinden.
Dieses Geschehen, das infolge der sogenannten »Fabrik-Aktion«, der von den Nazis so geplanten »Schlußaktion gegen die Juden«, am 27./28. Februar 1943 begann, endete nach einer Woche, am 6. März 1943, als die ersten Gefangenen entlassen wurden.
Die Entlassung der schätzungsweise 1500 gefangenen Männer, Frauen und Jugendlichen währte mindestens 10 Tage und wurde mit der bei den Nazis typischen Akribie durchgeführt. Die Freigelassenen mußten bis zum Ende der Nazi-Herrschaft Zwangsarbeiten leisten.
Eine weitere, wenn auch zeitgleich begrenztere und von weniger Menschen getragene Protestaktion dieser Art hat sich vor einem anderen Gefangenenlager, vor dem ehemaligen jüdischen Altersheim in der Großen Hamburger Straße 26 – unweit der Rosenstraße –, abgespielt.
Die Ereignisse in der Rosenstraße wie die in der Großen Hamburger Straße vom März 1943 sind – namentlich in der alten Bundesrepublik – einer breiteren Öffentlichkeit bislang unbekannt geblieben, obwohl es eine Reihe von Berichten darüber gegeben hat. In unserer Gegenwart können noch rund zwei Dutzend Zeitzeugen aus eigenem Erleben darüber erzählen – Frauen und Männer, die zum Teil als Jugendliche in dem Gebäude gefangengehalten wurden, und Frauen, die vor dem Gebäude protestiert haben, sowie Frauen und Männer, die damals als Kinder zu dem Protest von Erwachsenen mitgenommen worden waren. Und nicht einmal selten finden wir in der autobiographischen Literatur vom Leben und Überleben in der Nazi-Diktatur – naheliegenderweise überwiegend in jener, die Jüdinnen und Juden sowie Menschen mit jüdischer Herkunft geschrieben haben – jenes Geschehen erwähnt, manchmal sogar ausgeführt.[1]
Als ein Beispiel hierfür sollen an dieser Stelle Passagen aus dem autobiographischen Bericht »Jahre auf Abruf« von Walter Laqueur wiedergegeben wer-

den. In Laqueurs Darstellung wird leider nicht deutlich, woher er all jene Informationen hat, die er nicht aufgrund eigener Beobachtung hat gewinnen können. Der Autor, das Kind jüdischer Eltern, selbst aber, wie er mehrmals erwähnt, wenig religiös orientiert, war ein in Berlin bekannter und angesehener Arzt. Er lebte in einer sogenannten »privilegierten Mischehe«. Auch ihm war es nicht mehr gestattet, seinen Beruf auszuüben; ärztliche Betreuung bei Deportationen jedoch – in den Lagern, auf den Bahnhöfen – durfte er leisten. So war er auch nach der »Fabrik-Aktion« auf dem Weg zur Großen Hamburger Straße. Laqueur berichtet unter anderem:

»Als ich weiterging, wurde ich plötzlich Zeuge einer Szene, wie ich sie in Deutschland viele Jahre nicht mehr erlebt hatte: einer spontanen Demonstration... es kam mitten im Krieg in Deutschland zu einer kleinen Rebellion. Die nicht-jüdischen Ehefrauen und Kinder der Verhafteten[2] fanden schnell heraus, worum es ging, und begannen, sich vor dem Sammellager in der Rosenstraße aufzustellen. Am ersten Morgen war es nur ein Dutzend. Sie verlangten, mit ihren Männern sprechen zu dürfen. Ihr Verlangen wurde nicht erfüllt, aber sie blieben. Gegen Abend kampierten einige hundert vor dem Tor und riefen: ›Wir wollen unsere Männer wiedersehen‹ und ›Gebt uns unsere Väter frei!‹ Am nächsten Tag wuchs die Zahl auf etwa tausend an, und sie wurden zu einem beträchtlichen Ärgernis, da sie Delegationen zum nahegelegenen Polizeirevier und sogar ins Hauptquartier der Gestapo schickten.

Die Behörden waren erstaunlich zuvorkommend, sogar höflich. Es sei kein Grund zur Aufregung, hieß es, noch sei nichts entschieden; man werde die Sache noch einmal überprüfen. Aber die Ehefrauen gaben sich mit solch unverbindlichem Geschwätz nicht zufrieden: Was sollte denn überprüft werden? Sie wollten ihre Männer auf der Stelle wiederhaben...

Als die Beamten sagten, die Leute könnten noch nicht freigelassen werden, schlugen die Frauen vor, sie wollten bei ihren Männern im Gefängnis bleiben. Man gab ihnen zur Antwort, das sei nicht zulässig, da die Männer sich im Arrest befänden. Die Frauen entgegneten, die Rosenstraße sei kein Gefängnis, und sie hätten das Recht, das Gebäude zu betreten. Der Führer werde ganz gewiß ein solch gesetzeswidriges Vorgehen nicht billigen... Die Beamten wußten nicht, was sie darauf antworten sollten, und wandten sich an ihre Vorgesetzten um neue Instruktionen. Durch ganz Berlin verbreitete sich das Gerücht, mitten im Stadtzentrum gebe es eine Demonstration, die Leute widersetzten sich den Behörden. Einige ausländische Korrespondenten – Schweden und Schweizer – tauchten schon in der Nachbarschaft auf, natürlich ganz unauffällig, sie kamen nur zufällig vorbei...

Es waren auch ein paar Polizisten da, aber sie versuchten nicht aufzufallen. Von Zeit zu Zeit fuhr eine Limousine mit herabgelassenen Gardinen zum Sammelpunkt. Irgendein hoher Amtswalter kam zur Beratung oder erteilte

neue Instruktionen. Ein Teil der Menge zog weiter in eine andere kleine Straße, die Burgstraße. Sie kam vor einem der ersten Häuser zum Stehen, einem unauffälligen Bürogebäude ohne Namensschild und Firmenzeichen an der Fassade und auch ohne Leuchtreklame – es war das Bezirkshauptquartier der Gestapo...
Ich hatte in meinem Leben schon manche Menschenansammlung beobachtet und wußte, daß eine jede anders ist... Die Menge heute morgen war diszipliniert, wollte aber offensichtlich ihr Recht durchsetzen. Es war eine Menge, die hauptsächlich aus Frauen und Kindern bestand, und sie wußten, was sie wollten. Sie riefen im Chor: ›Gebt uns unsere Männer heraus.‹ Es war eine erstaunliche Szene – eine Szene ohne vorausgegangene Proben. Arme Frauen, dachte ich, wie lange würden sie sich hier halten können, wenn erst die Polizei oder die SS auftauchte? Die Frauen waren verzweifelt, sie hatten nichts zu verlieren, und wenn es ein Massaker deutscher Frauen[3] mitten in Berlin und mitten im Krieg gegeben hätte, was dann? Man hätte es nicht lange geheimhalten können, und welchen Eindruck hätte es auf die Soldaten gemacht, die auf den eisigen Feldern Rußlands kämpften? Vielleicht hatten sie doch eine Chance... Aber ich konnte nicht länger bleiben. Ich wurde in der Hamburger Straße erwartet.«[4]
Mit dem »Hauptquartier der Gestapo«, wie es Laqueur nennt, ist die Gestapo-Leitstelle Berlin in der Burgstraße 28 gemeint, wo sich u. a. das Berliner Judenreferat befand. Dieses Haus lag etwa 200 Meter von dem Ort des Protestes entfernt.

2. Der Ort des Geschehens

Wer den heutigen Stadtraum im Zentrum Berlins um das Rote Rathaus, die Marienkirche und den Fernsehturm vor Augen hat, den wird ein Luftbild über das gewachsene Stadtbild vor den Kriegszerstörungen möglicherweise erstaunen. Zu erkennen ist eine dichte kleinräumige Bebauung mit menschlichem Maß, wenn auch mit wenig Grün. Die Rosenstraße ist mit Hilfe einer Stadtkarte leicht auf dem Foto zu identifizieren. Sie verläuft gleichsam als Verlängerung der Straße »An der Spandauer Brücke« auf die Marienkirche und den Neuen Markt zu.
Die Rosenstraße gehört zu den ältesten Straßen Berlins. Im 16. Jahrhundert führte sie den Namen »Huren-Gasse«. Im Totenregister der Marienkirche wird 1583 dieser Name angeführt, ebenso wie 1624 im Trauregister derselben Kirche. Aber noch im 17. Jahrhundert bekam die Straße den Namen »Rosen-Straße«. Dieser Name soll ihr, wie es damals anscheinend in verschiedenen Städten üblich war, in ironischer Weise wegen ihrer Unsauberkeit und des schlechten Rufes ihrer Einwohner verliehen worden sein. Fidicin erwähnt, daß in der Rosenstraße lediglich »Hausbuden« gestanden hätten.[5] Erst gegen Ende des 17. Jahrhunderts scheint durch das dort vorhandene Acker- und Gartengebiet eine schmale Gasse zwischen der Rosenstraße und der Spandauer Straße geschaffen worden zu sein, nämlich die »Heidereiter-Gasse«, wie sie zunächst hieß.
Während, von der Spandauer Straße in Richtung Rosenstraße gesehen, auf der linken Seite der Gasse einige Wohngebäude errichtet worden waren, scheint die rechte Seite zunächst kaum bebaut und noch durch die Gärten geprägt geblieben zu sein, die zu den Häusern an der Papenstraße (die später zu einem Teil der Kaiser-Wilhelm-Straße wurde) gehörten. Hier jedenfalls kaufte, wie Fidicin es erwähnt, die »Judenschaft« einen Raum, auf welchem die erste Synagoge Berlins errichtet wurde. Die damals, also zu Beginn des 18. Jahrhunderts, in Berlin lebenden Juden – etwa 120 Familien mit knapp 600 Personen – wohnten überwiegend einige hundert Meter südlich von diesem Ort, in der Jüdengasse, in der Nähe des früheren Judenhofes, einem ursprünglich abschließbaren Wohngebiet für Juden.
Die Synagoge in der »Heidereiter-Gasse« wurden 1714 in Anwesenheit der königlich-preußischen Familie eingeweiht und 1856 durch Eduard Knoblauch umgebaut. Durch die Randbebauung der Gasse lag die Synagoge mittlerweile im Hof der Grundstücke 4 und 5, die ebenfalls zum Besitz der Jüdischen Gemeinde zählten.

Die Rosenstraße erlebte gegen Ende des 19. Jahrhunderts eine rege Bautätigkeit. Auf der östlichen Seite entstand eine geschlossene vierstöckige Bebauung, an ihren Enden jeweils mit einem Kaufhausgebäude. Die Bebauung der westlichen Seite blieb uneinheitlicher. An der Ecke Rosenstraße/Heidereutergasse erwarb die Jüdische Gemeinde 1905 Grundstücke und errichtete dort ein großes dreistöckiges Verwaltungsgebäude für die jüdische Sozialarbeit.
Das »Jüdische Jahrbuch für Groß-Berlin auf das Jahr 1926« hat auf seinen Seiten 187–189 einen »Führer durch das Verwaltungsgebäude Rosenstraße«. Darin werden 29 Büroräume für den Publikumsverkehr sowie ein Sitzungssaal im 2. Stock aufgeführt. Die Gesamtzahl der Räume in diesem Gebäude muß die Zahl der erwähnten Zimmer überschritten haben, da in einem Verwaltungsgebäude naturgemäß nicht alle Räume für den Publikumsverkehr genutzt werden.
Weder die Synagoge in der Heidereutergasse noch die sie umgebenden Gebäude der Jüdischen Gemeinde wurden in der Pogromnacht vom 9. auf den 10. November 1938 zerstört oder auch nur beschädigt. Dies hatte vermutlich den Grund, daß diese Gebäude wie auch die Synagoge selbst bereits enteignet oder für die baldige Enteignung vorgesehen waren. Eigentümer war die Deutsche Reichspost geworden, die anscheinend schon vor dem November 1938 einige Räume in den Gebäuden belegt hatte. Die Synagoge durfte für religiöse Zwecke weiterhin genutzt werden. Die letzten Gottesdienste in der »Alten Synagoge« wurden im »Jüdischen Nachrichtenblatt« für die Tage vom 13. bis 20. November 1942 angekündigt. Es scheint nicht mehr nachvollziehbar zu sein, wie die Reichspost die Gebäude nach der Auflösung der Jüdischen Gemeinde durch die Nazis am 10. Juni 1943 genutzt hat und wann genau der Komplex durch Luftangriffe zerstört wurde. Vermutlich erst im Februar 1945. Die Akten, welche die Gebäude betrafen, gingen nach dem Kriegsende in den Besitz der Bundespost über, die sie Ende der 60er Jahre anscheinend hat vernichten lassen, ohne daß offenbar deren Bedeutung erkannt worden wäre. Erst 1967 – im Zusammenhang mit der Randbebauung an der Spandauer Straße – wurden die Ruinen endgültig abgerissen; der Raum wurde planiert und karg begrünt.

①
②
③
④
⑤

① Gebäude der Sozial-Verwaltung der Jüdischen Gemeinde, Rosenstraße 2–4; Gefängnis während der »Fabrik-Aktion«.
② Die »Alte Synagoge«, Heidereutergasse 4.
③ Jüdisches Altersheim, Große Hamburger Straße 26.
④ Gestapo-Leitstelle Berlin, Burgstraße 28; (mit dem Berliner Judenreferat); auch in dem Gebäude Burgstraße 26 befand sich eine Dienststelle der Gestapo.
⑤ S-Bahnhof »Börse«, heute »Hackescher Markt«, zu DDR-Zeiten »Marx-Engels-Platz«.

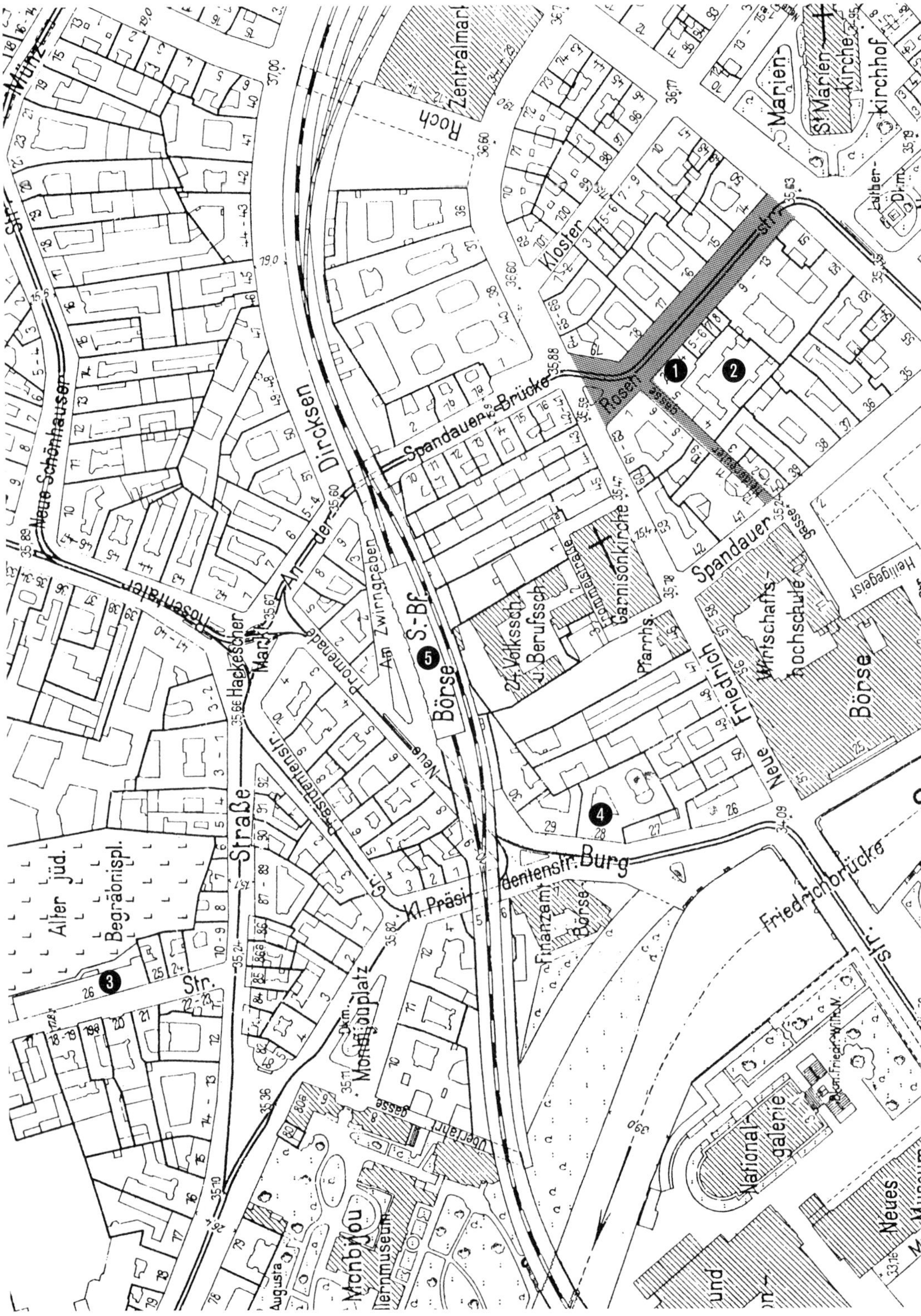
Neue Schönhauser
Rosenthaler
Hackescher Markt
Straße
An der
Spandauer Brücke
Dircksen
S-Bf.
Börse
Promenade
An Zwirngraben
Neue
Präsidentenstr.
Kl. Präsidentenstr.
Burg
Alter jüd. Begräbnispl.
Str.
Monbijouplatz
Monbijou
Zentralmarkt
Roch
Kloster
Rosen
Spandauer
Garnisonkirche
Volkssch. u. Berufssch.
Pfarrhs.
Friedrich
Wirtschaftshochschule
Börse
Finanzamt Börse
Friedrichbrücke
Neue Friedrich Str.
National-galerie
Neues Museum
Marien-
St. Marien-kirche
Kirchhof
Heiliggeist

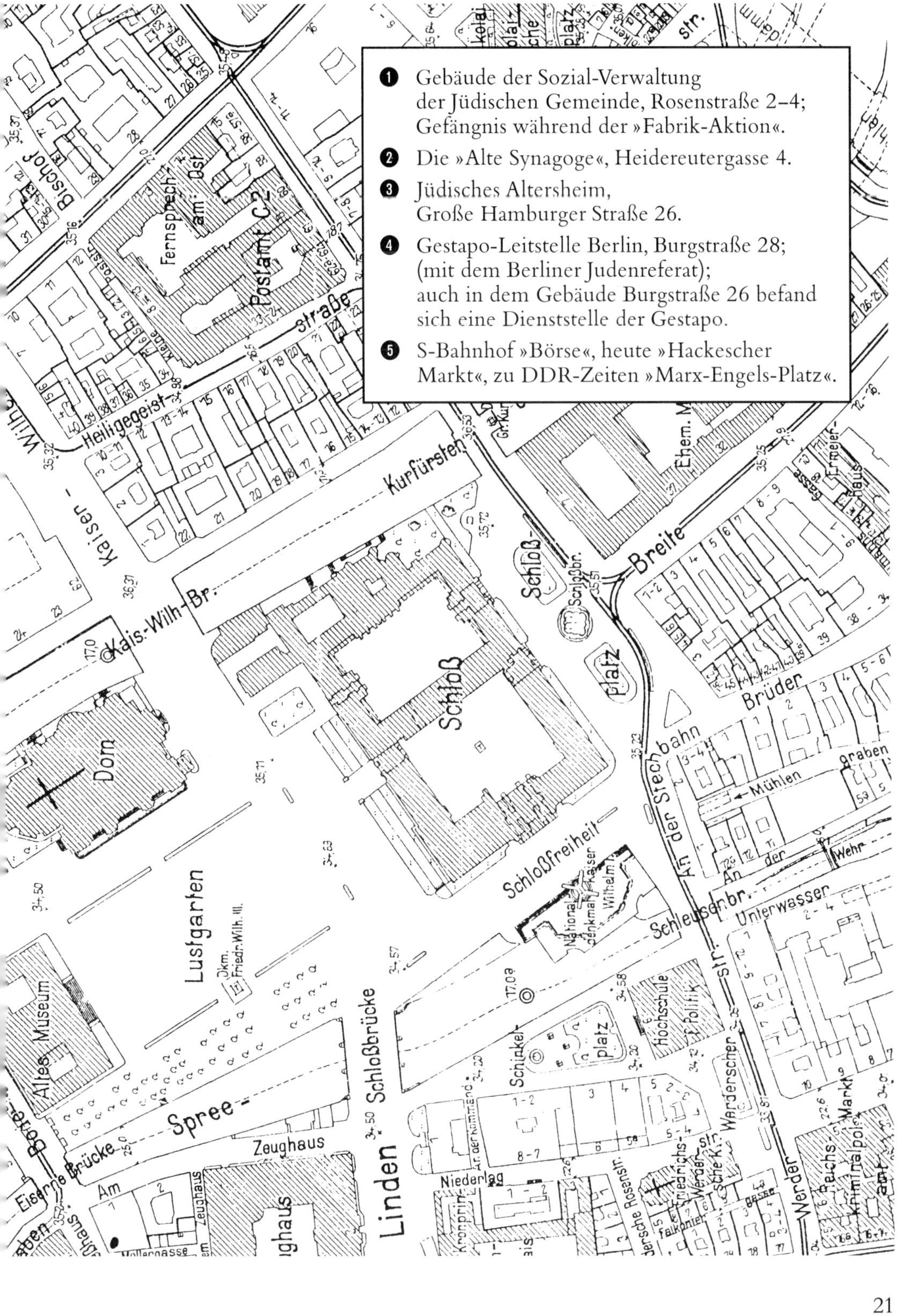

❶ Gebäude der Sozial-Verwaltung der Jüdischen Gemeinde, Rosenstraße 2–4; Gefängnis während der »Fabrik-Aktion«.

❷ Die »Alte Synagoge«, Heidereutergasse 4.

❸ Jüdisches Altersheim, Große Hamburger Straße 26.

❹ Gestapo-Leitstelle Berlin, Burgstraße 28; (mit dem Berliner Judenreferat); auch in dem Gebäude Burgstraße 26 befand sich eine Dienststelle der Gestapo.

❺ S-Bahnhof »Börse«, heute »Hackescher Markt«, zu DDR-Zeiten »Marx-Engels-Platz«.

Synagoge

Heidereutergasse 4
im Hintergrund links
die Rückseite des Gebäudes
Rosenstraße 2–4

Bild rechts:
Rosenstraße um 1900

3. Hintergründe des Geschehens

Ende Februar 1943 lebten in Berlin noch wenig mehr als 27 000 Juden.[6] Männer, Frauen, Jugendliche, Kinder. – Zu diesem Zeitpunkt waren, beginnend im Oktober 1941, bereits beinahe 22 000 Juden in den Osten deportiert und dort umgebracht worden. 10 000 Berliner Juden waren nach Theresienstadt transportiert worden, das irrtümlicherweise als »Vorzugsghetto« galt. Die Zahl der damals noch in Berlin lebenden Juden setzte sich aus Gruppen mit verschiedener familiärer Situation zusammen.

Da waren zum einen jene jüdischen Familien (und noch einige wenige ledige jüdische Männer und Frauen), die bis zu jenem Zeitpunkt nicht deportiert worden waren. Den Grund dafür glaubten sie – dies durchaus nicht zu unrecht – dem Umstand zuschreiben zu können, daß sie Zwangsarbeit in kriegswichtigen Betrieben, insbesondere in der Rüstungsindustrie, leisteten. Sie meinten, aufgrund ihrer Qualifikation, ihrer Zuverlässigkeit und angesichts des Interesses der Nazis an einer ungestörten Produktion von Kriegsmaterial unentbehrlich zu sein.

Zum anderen lebten in Berlin noch Juden in sogenannten »Mischehen«. Diese Gruppe – genauer: *eine* Gruppe der in sogenannten »Mischehen« lebenden Juden – hatte mit den Ereignissen in der Rosenstraße zu tun. Da es nun im Zusammenhang mit der Verwendung des Begriffs »Mischehe« durch die Nazis immer wieder Ungenauigkeiten und Unklarheiten gibt, ist an dieser Stelle eine knappe Erläuterung sinnvoll.

Der Begriff »Mischehe« war längst vor der Nazizeit gebräuchlich und meinte – wie übrigens auch danach – Ehen zwischen Menschen verschiedener Konfession. Durch einen Erlaß des Reichsministers des Inneren vom 26. April 1935 wurde dem Begriff »Mischehe« eine ausschließlich rassistische Definition gegeben und meinte Ehen zwischen Juden und Nichtjuden. Dies betraf Tausende von Ehen in Deutschland, gerade aber auch in Berlin, wo in den zwanziger Jahren etwa ein Drittel aller jüdischen Männer, die eine Ehe eingingen, eine nichtjüdische – in der Regel protestantische – Frau heiratete, wohingegen lediglich ein Sechstel der heiratenden jüdischen Frauen einen nichtjüdischen Mann ehelichte. Wichtig, ja lebenswichtig sollte für viele Juden die Unterscheidung zwischen »privilegierter Mischehe« und »einfacher Mischehe« werden. Diese Unterscheidung wurde Ende 1938 gebräuchlich, aber anscheinend niemals irgendwo codifiziert.

Als »privilegierte Mischehen« galten zum einen Ehen, bei denen die Frau jüdisch und der Mann nichtjüdisch war, zum anderen Ehen, in denen der

Mann jüdisch und die Frau nichtjüdisch war, wenn die Kinder einer anderen als der jüdischen Religionsgemeinschaft angehörten. Die jüdischen Ehepartner in diesen »privilegierten Mischehen« mußten keinen sogenannten »Judenstern« tragen.
Alle anderen Ehen mit einem jüdischen Eheteil galten als »einfache Mischehen«, also insbesondere jene Ehen, die gerade in Berlin als »Mischehen« quantitativ überwogen, in denen der Mann jüdisch, die Frau nichtjüdisch war und die Kinder der jüdischen Religionsgemeinschaft angehörten.
Die Juden in »einfachen Mischehen« und die Kinder aus diesen Ehen (in der Nazi-Terminologie: »Mischlinge 1. Grades) wurden amtlich als »arisch versippte Juden« bezeichnet. Sie mußten im Gegensatz zu den Juden in »privilegierten Mischehen« vom 19. September 1941 ab den sogenannten »Judenstern« tragen und waren zur Zwangsarbeit verpflichtet (Kinder vom vollendeten 14. Lebensjahr ab).
Auch für die Juden in den »einfachen Mischehen« galt, daß sie an ihre Unentbehrlichkeit für die doch kriegswichtigen Produktionen glaubten. Und zusätzlich wähnten sie sich eben aufgrund des Umstandes, »arisch versippt« zu sein, in einer »geschützten« Situation.
Die Zahl der jüdischen Zwangsarbeiterinnen und Zwangsarbeiter aus beiden beschriebenen Gruppen betrug Ende Februar 1943 etwa 17 000.
Die Überlegungen, die Einschätzungen dieser Menschen, dauerhaft – zumindest aber während des Krieges – vor einer Deportation geschützt zu sein, waren letztlich von der allzu verständlichen Hoffnung genährt, daß dies so sein möge. Irgendwelche objektiven Anhaltspunkte gab es dafür nicht. Kein Geringerer als Joseph Goebbels, Minister für Volksaufklärung und Propaganda und schon seit 1926 Gauleiter der Nazi-Partei in Berlin, war die treibende Kraft bei dem Bestreben, alle Juden und jene, die für die Nazis nach ihrer Rassenlehre als Juden galten, aus der Reichshauptstadt zu deportieren. Der Zustimmung Hitlers, dem er, wie es kolportiert wurde, zu dessen 54. Geburtstag am 20. April 1943 ein »judenreines« oder »judenfreies« Berlin als Geschenk machen wollte, hatte sich Goebbels ohnehin wiederholt versichert. Und auch andere führende Nazis, wie etwa Himmler, unterstützten bei der »Endlösung der Judenfrage« ohne weiteres die Durchführung einer »Schlußaktion«, und zwar nicht allein in Berlin, sondern insgesamt im Reichsgebiet, wo vor der »Fabrik-Aktion« noch etwa weitere 17 000 Juden oder Menschen lebten, die nach der Nazi-Rassenlehre als Juden galten.
Schon im Dezember 1942 – zu einem Zeitpunkt, als der »Schlächter von Wien«, der heute noch in Damaskus unter dem Schutz der syrischen Regierung lebende Alois Brunner, die Deportation jüdischer Menschen bereits in Berlin selbst sinnfällig brutalisierte – war den Inhabern und »Führern« Berliner Unternehmen mitgeteilt worden, daß die bei ihnen als Zwangsarbeiter tätigen Juden demnächst ebenfalls »evakuiert« würden, da die »Juden-Frage«

bis zum 1. März 1943 gelöst sein müsse. Und mit Datum vom 20. Februar 1943 hatte das Reichssicherheitshauptamt (RSHA), jene Behörde, welche die »Endlösung der Judenfrage« organisierte, noch neugefaßte »Richtlinien zur technischen Durchführung der Evakuierung von Juden nach dem Osten (KL Auschwitz)« erlassen. In diesem Dokument wurde im übrigen zum erstenmal das Konzentrationslager Auschwitz als Ziel erwähnt.
In einer offensichtlich gut vorbereiteten überfallartigen Aktion, an der sogar Einheiten der in Berlin kasernierten SS-Leibstandarte »Adolf Hitler« teilnahmen, wurden am 27. und teilweise noch am 28. Februar 1943 die in den Berliner Betrieben tätigen jüdischen Zwangsarbeiterinnen und Zwangsarbeiter an ihren Arbeitsstätten – daher den Begriff »Fabrik-Aktion« – gefangengenommen und in verschiedene Lager gebracht. Der Wochentag dieser Aktion, ein Sonnabend, dürfte im übrigen kein Zufall gewesen sein, denn die Nazis betrieben anscheinend die Schikane, Repressalien gegen Juden an deren Feiertagen zu beginnen bzw. zu verschärfen.
Da abzusehen gewesen war, daß für eine Aktion solchen Ausmaßes die bis zu jenem Zeitpunkt verwendeten Sammellager in der Levetzowstraße 7–8 (Synagoge) und in der Großen Hamburger Straße 26 (ehemaliges jüdisches Altersheim) nicht ausreichen würden, waren zunächst mehrere sogenannte »Hilfs-Auffanglager« eingerichtet worden, nämlich

- die frühere Vergnügungsstätte »Clou« in der Mauerstraße 82 (Berlin-Mitte),
- die Hermann-Göring-Kaserne in Berlin-Reinickendorf (nach dem Krieg als »Quartier Napoleon« Standort der französischen Truppen in Berlin);
- der Reitstall der Kasernen in der Rathenower Straße (Berlin-Moabit),
- das frühere jüdische Altersheim in der Gerlachstraße[7] (Berlin-Mitte) und eben
- das Verwaltungsgebäude der Jüdischen Gemeinde in der Rosenstraße 2–4.

Wenn auch mit der »Fabrik-Aktion« ein sehr großer Teil der in Berlin noch legal lebenden Juden erfaßt wurde, so gab es in den Tagen danach noch eine hohe Zahl weiterer Gefangennahmen, wobei Untergetauchte, Kranke und andere zunächst nicht Gefaßte ergriffen wurden.
Die Deportationen nach Auschwitz setzten sofort ein. Nach den Transportlisten gingen im März 1943 von dem Bahnhof Putlitzstraße folgende Transporte mit insgesamt beinahe 8.000 Menschen ab:

1. März 1943	1736 Personen
2. März 1943	1758 Personen
3. März 1943	1732 Personen
4. März 1943	1143 Personen
6. März 1943	662 Personen
12. März 1943	947 Personen

Bei der »Fabrik-Aktion« waren all jene Zwangsarbeiterinnen und -arbeiter gefangengenommen worden, die durch das Tragen des sogenannten »Judensterns« als Juden von den Nazis äußerlich erkennbar gemacht worden waren, also auch jene, die in den so bezeichneten »einfachen Mischehen« lebten, sowie die jüdischen Kinder aus diesen Ehen. In den »Auffanglagern« wurden diese Menschen dann von jenen Juden getrennt, deren Deportation mit dem 1. März einsetzte, und sie wurden in das Gebäude Rosenstraße 2–4 sowie zu einem kleineren Teil in das ehemalige jüdische Altersheim in der Großen Hamburger Straße gebracht. Was dann dort geschah, ist ein zentrales Thema des vorliegenden Buches.
Im Rahmen dieser Publikation soll und kann letztlich keine gewichtete Einschätzung der Frage versucht werden, ob die Protestaktionen in der Rosenstraße und in der Großen Hamburger Straße eine definitiv geplante Deportation der sogenannten »arisch versippten« Juden verhindert haben. Eine geschichtswissenschaftliche Darstellung der Geschehnisse in der Rosenstraße liegt bislang nicht vor[8], so daß es auch keine nachlesbare fachwissenschaftliche Diskussion in dieser Hinsicht gibt.
Auf der Wannsee-Konferenz am 20. Januar 1942 war, wie es im Protokoll heißt, die »Lösung der Mischehen- und Mischlingsfragen« zwar erörtert worden, jedoch lediglich »zunächst theoretisch«. Zwangsscheidungen und Zwangssterilisierungen wurden als Maßnahmen besprochen.[9] Der Vorschlag, die sogenannten »Mischehen« – es dürften die »einfachen Mischehen« gemeint gewesen sein – zwangsweise zu scheiden, wurde auf einer Nachfolge-Besprechung zur Wannsee-Konferenz am 6. März 1942 erneut ausgeführt und sogar verfahrensmäßig detailliert, ohne daß dies jedoch umgesetzt worden wäre.[10] Mehrere Dokumente in dem vorliegenden Buch, insbesondere die Tagebuchaufzeichnungen von Goebbels, aber auch damit korrespondierende Informationen von Albert Speer, zeigen auf, daß es von seiten der exponiertesten Nazi-Führer Bestrebungen gegeben hat, zumindest die jüdischen Partner in sogenannten »einfachen Mischehen« zu deportieren. Von einiger Beweiskraft scheint in dieser Hinsicht auch ein Dokument zu sein, das zum erstenmal auf einer Ausstellung über Judentum und Judenverfolgung in Deutschland in Ost-Berlin im Jahre 1988 der Öffentlichkeit zugänglich wurde. Es handelt sich um eine Nachricht des »Zentralamtes« in Berlin nach Auschwitz, wonach, beginnend mit dem 1. März 1943, »Judentransporte« aus Berlin angekündigt werden. Dann heißt es weiter: »Es wird nochmals darauf hingewiesen, daß sich bei diesen Transporten etwa 15.000 vollkommen arbeitsfähige, gesunde Juden befinden, die bisher in der Berliner Rüstungsindustrie gearbeitet haben. Auf ihre weitere Arbeitsverwendungsfähigkeit ist mit allen Mitteln Wert zu legen.«
Wichtig ist in unserem Zusammenhang die hier genannte Zahl von 15 000. Diese Zahl schließt jene Juden ein, die in den sogenannten »einfachen

Mischehen« lebten, und sogar alle männlichen und weiblichen jüdischen Jugendlichen, soweit sie Kinder aus diesen Ehen waren. Wie die obige Aufstellung zeigt, sind im März 1943 insgesamt knapp 8000 jüdische Frauen, Männer und Kinder deportiert worden. Die Rückmeldungen aus Auschwitz besagen, daß – in der fürchterlich bürokratischen Sprache der Selektion – nur ein Teil dieser Menschen überhaupt zum »Arbeitseinsatz« gekommen ist. Offensichtlich sind die in Berlin gemachten Ankündigungen in keiner Weise erfüllt worden.

Die Vermutung erscheint zumindest nicht abwegig, daß die Protestaktionen in der Rosenstraße und in der Großen Hamburger Straße Gruppen innerhalb der breiteren Nazi-Führung gestärkt haben, die entweder – aus welchen Gründen auch immer – Hemmungen hatten, mit der Konsequenz Goebbelscher Prägung bei den Deportationen zu verfahren, oder denen es aufgrund der allgemeinen schlechten Stimmung in der Berliner Bevölkerung nach Stalingrad und dem großen Luftangriff auf Berlin vom 1. auf den 2. März 1943 nicht opportun erschien, mit jener Radikalität zu verfahren. Vermutlich hat beides zusammengewirkt.

Wie auch immer die Gegebenheiten gewesen sein mögen, die mutigen Protestaktionen von vielen hundert Menschen in der Rosenstraße und in der Großen Hamburger Straße sind eine einmalige Widerstandshandlung in Nazi-Deutschland gewesen.

4. Zum Entstehen dieses Buches

Als ich Anfang der 80er Jahre an einem populärwissenschaftlichen Buch über die gewaltfreie Aktion arbeitete, wollte ich die Ereignisse in der Rosenstraße aus dem Jahr 1943, über die ich – denkwürdigerweise – schon Jahre zuvor in der amerikanischen Gewaltfreiheitsliteratur gelesen hatte, nicht unerwähnt lassen. Ich begann nach Zeitzeugen zu suchen und fand auch einige.[11] Jahre später, anläßlich des 50. Jahrestages der Reichspogromnacht im November 1988, konnte ich drei Zeitzeugen dafür gewinnen, meinen fünfzehn- bis siebzehnjährigen Schülern über ihr Leben und ihre Erfahrungen zu erzählen. Dabei kam mir die Idee, aus diesen Erzählungen eine Art von autobiographischem Tatsachenroman zu gestalten, um auf diese Weise die Leidensgeschichte des Berliner Judentums, insbesondere aber die Ereignisse in der Rosenstraße im Februar/März 1943 nicht vergessen zu lassen.
Was Hans Grossmann erzählt, ist authentisch. Es gibt den Mann, der als Jugendlicher all das erlebt und meinen Schülern und mir erzählt hat. Ich habe allerdings – unter Verwendung weiterer schriftlicher und mündlicher autobiographischer Zeugnisse – die Familiensituation insoweit verändert, daß eine eher typische »Mischehe«-Familie, also eine Ehe zwischen einem jüdischen und einem nichtjüdischen, in der Regel christlichen Ehepartner, entstanden ist. Trotz einer Vielzahl von Bezügen zu mündlichen und schriftlichen Darstellungen von Betroffenen und anderen Zeitzeugen habe ich die Personen frei gezeichnet und auch ihre Namen verändert. Alle äußeren Geschehnisse der Geschichte von Hans Grossmann haben sich jedoch tatsächlich ereignet.
In die Darstellung sind somit Erlebnisse und Erfahrungen eingeflossen, die mir die folgenden Personen in Gesprächen vermittelt haben: Hans-Oskar Baron Löwenstein de Witt und – zeitlich mehrere Jahre zurückliegend – seine Mutter sowie Charlotte Freudenthal, Dr. Ruth Gross, Dr. Rita Kuhn, Vera Breitwieser, Gad Beck, Kurt Blaustein und Hans Kuhn. Die Erlebnisse von Lili Grossmann orientieren sich, was die Deportationszeit betrifft, an dem schriftlichen Bericht einer namentlich nicht mehr identifizierbaren Krankenschwester, der sich im Centre de Documentation Juive Contemporaine in Paris befindet und den Titel trägt »Das Leben der Juden in Berlin in den Jahren 1940 bis 43« (Standort: LXX – 70). Ich habe außerdem auf die bekannte Darstellung von Hildegard Hentschel »Aus der Arbeit der Jüdischen Gemeinde Berlin während der Jahre 1941–1943. Gemeindearbeit und Evakuierung von Berlin (16. Oktober 1941 – 16. Juni 1943)« zurückgegriffen

(In: Zeitschrift für die Geschichte des Judentums. Tel-Aviv, 9. Jg. (1972) No. 1/2, S. 33–52).
Auch die Beschreibung der illegalen Aktivitäten der jüdischen Jugendlichen und jungen Männer hat aus wirklichen Geschehnissen ihre Anregungen gezogen. Hierzu seien als Literatur genannt: Leon Brandt: Menschen ohne Schatten. Juden zwischen Untergang und Untergrund. Berlin 1984, sowie Jizchak Schwersenz und Edith Wolff: Jüdische Jugend im Untergrund. Eine zionistische Gruppe in Deutschland während des Zweiten Weltkrieges. In: Bulletin des Leo Baeck Instituts. 12. Jg., No. 45. Tel-Aviv 1969, teilweise auch in dem 1988 im Wichern-Verlag erschienenen Buch von J. Schwersenz »Die versteckte Gruppe« publiziert.
Zur Sicherung bestimmter geschichtlicher Tatsachen, welche die Judenverfolgung insbesondere in Berlin betreffen, habe ich die Arbeiten von Wolfgang Scheffler und Wolfgang Wippermann verwendet. Entgegen der wissenschaftlichen Verfahrensweise wurden in den Quellentexten Rechtschreibungs- und Grammatikfehler nicht kenntlich gemacht, sondern verbessert.

Die vorliegende Publikation ist die überarbeitete und erweiterte Fassung eines 1990 im Hoch-Verlag erschienenen und inzwischen vergriffenen Buches.

Anmerkungen

1 Als Beispiele seien hier genannt: Ruth Andreas-Friedrich: Der Schattenmann. Tagebuchaufzeichnungen 1938–1945. Berlin 1947 (Neudruck: Frankfurt a. M. 1983). Heinz Ullstein: Spielplatz meines Lebens: Erinnerungen. München 1961. Inge Unikower: Suche nach dem gelobten Land. Berlin (Ost) 1978 **2** Ein Terminus, der leider immer wieder fälschlicherweise im Zusammenhang mit den Verfolgungen und Deportationen von Juden benutzt wird. Eine Verhaftung ist die Festnahme eines Beschuldigten aufgrund eines Haftbefehls. – G. J. **3** Gemeint ist selbstverständlich ein Massaker *an* deutschen Frauen. – G. J. **4** Walter Laqueur: Jahre auf Abruf. Stuttgart 1982, S. 167–172 **5** E. Fidicin: Berlin, historisch und topographisch. Berlin 1843. – Zur Geschichte der Straßennamen siehe auch: Hermann Vogt: Die Straßen-Namen Berlins. Heft XXII der »Schriften des Vereins für die Geschichte Berlins«. Berlin 1885 **6** 27.000 von mehr als 160.000, die 1933 gezählt worden waren. Mehr als die Hälfte von diesen 160.000 hatte Deutschland verlassen können. Die anderen gerieten in den Strudel der »Endlösung«. Die Zahlenangaben sind im wesentlichen entnommen bei: Kurt Jakob Ball-Kaduri: Berlin wird judenfrei. Berlin in den Jahren 1942/43. In: Jahrbuch für die Geschichte Mittel- und Ostdeutschlands. Band 22 (1973, S. 196–241) **7** Zuvor: Lietzmannstraße. – Im Bereich dieses Grundstücks lag im übrigen der älteste jüdische Friedhof Berlins, der 1510 zerstört wurde. **8** Der US-amerikanische Historiker Nathan Stoltzfus arbeitet an einer entsprechenden Untersuchung. **9** Kurt Pätzold, Erika Schwarz: Tagesordnung: Judenmord. Die Wannsee-Konferenz am 20. Januar 1942. Eine Dokumentation zur Organisation der »Endlösung«. 3. Aufl. Berlin 1992, S. 108 ff. **10** Ebenda, S. 116–119 **11** Siehe Gernot Jochheim: Die gewaltfreie Aktion. Ideen und Methoden, Vorbilder und Wirkungen. Hamburg und Zürich 1984, S. 261 ff.

HANS GROSSMANNS GESCHICHTE

Teil 1

Das unsichtbare Ghetto

Waldesluft
verträgt nicht Judenduft

Leben im Abseits

...15 und 16 Jahre alt seid ihr also. Da brauche ich nicht lange zu überlegen, um mich zu erinnern, wie es mir erging, als ich etwa so alt war wie ihr. Das war 1942/43. In Berlin. Ein jüdischer Junge in Berlin, wo seit 10 Jahren die Nazis herrschten. Im vierten Kriegsjahr.

Ihr werdet es vielleicht nicht glauben: Lange Zeit war es für mich das Schönste, zur Schule gehen zu dürfen. In eine jüdische Schule, denn am staatlichen Gymnasium war ich abgewiesen worden. »Aus rassischen Gründen«. Die Schule – das war damals noch das letzte Normale in meinem Leben, auch wenn wir kaum Bücher oder Papier und Schreibzeug hatten. Ich fühlte mich in der Schule richtig geborgen und war froh über den Kontakt zu Gleichaltrigen. Denn sonst war das Leben schlimm für uns.

Die Nazis hatten sich nach und nach Hunderte – wirklich Hunderte! – Maßnahmen und Schikanen ausgedacht, um uns Juden in Deutschland das Leben zur Hölle zu machen. Wer irgendeine dieser Vorschriften nicht beachtete, wurde gefangengenommen und in ein Konzentrationslager verschleppt. Juden war es verboten, Gaststätten, Theater, Konzerte, Vorträge, Ausstellungen, Kinos oder Badeanstalten zu besuchen. Sie durften keine Grünanlagen oder Wälder betreten. Ihre Telefonanschlüsse waren unterbrochen worden, öffentliche Telefone durften sie nicht benutzen. Es war Juden nicht erlaubt, Zeitschriften oder Zeitungen zu kaufen. Oder Blumen. Sie durften nur jüdische Friseure aufsuchen. Nur noch ganz wenigen jüdischen Ärzten oder Rechtsanwälten war es gestattet, ihren Beruf auszuüben. Denen war es aber nicht mehr erlaubt, sich auch so zu bezeichnen. Sie mußten sich »Krankenbehandler« oder »Konsulenten«* nennen.

Die jüdische Bevölkerung hatte – ohne jede Entschädigung selbstverständlich – viele Gegenstände abliefern müssen: elektrische Haushaltsgeräte, Radios, Fotoapparate, Ferngläser, Fahrräder, Schreibmaschinen, Pelze und Wollsachen. Natürlich durften Juden keine Autos mehr benutzen. Das traf allerdings nicht allzu viele, denn ein Auto war damals ein Luxusgegenstand. Führerscheine wurden den Juden abgenommen.

Juden durften weder Fleisch noch Fisch, weder Weißbrot noch Obst, weder Süßwaren noch Milch kaufen. Von Tabak und Zigaretten ganz zu schweigen. Neue Kleidung gab es überhaupt nicht. Juden durften nur zu bestimmten Zeiten am Tage einkaufen, am späten Nachmittag von 16.00–17.00 Uhr, wenn viele Waren schon ausverkauft waren. Vom Abend bis zum Morgen war für Juden ein Ausgangsverbot angeordnet. Schließlich wurde es Juden untersagt, Haustiere zu halten. Die Nazis erließen sogar eine Verordnung,

* Konsulent bedeutet »Berater«.

nach der erblindete Juden keine entsprechende Armbinde mehr tragen durften.
Juden wurden vom Mieterschutz ausgeschlossen. Sie wurden in bestimmte Häuser – sogenannte »Judenhäuser« – und in die Wohnungen anderer Juden eingewiesen. In unserer Wohnung lebten 1942 sechs fremde Juden, die uns die Behörden zwangsweise zugewiesen hatten. Uns wurde auch die Warmwasserzufuhr abgestellt. An dem Aufzug in unserem Haus stand eines Tages »Für Juden verboten!« Noch heute habe ich ganz deutlich das Schild an der Rolltreppe des S-Bahnhofs Friedrichstraße vor meinen Augen: »Hunden und Juden ist das Benutzen der Rolltreppe verboten!« Alle Juden mußten ab dem 14. Lebensjahr Zwangsarbeit leisten.
Mädchen und Jungen. Ich habe zum Beispiel vom Dezember 1941 ab in der Deutschen Waffen- und Munitionsfabrik am Eichborndamm gearbeitet. Unter unmenschlichen Bedingungen in einer speziellen Judenabteilung. Solche Abteilungen gab es auch in anderen Fabriken, zum Beispiel bei Siemens. Es wurde streng darauf geachtet, daß Juden keine Kontakte zu den sogenannten »arischen« Arbeitern hatten oder zu den ausländischen Fremdarbeitern, die in großer Zahl in Deutschland zwangsweise arbeiteten und die auch in unmenschlicher Weise ausgebeutet wurden.
Juden durften bestimmte Straßen und Gebiete in den Städten nicht betreten. In Berlin zum Beispiel nicht das Regierungsviertel. Das war vielleicht nicht so schlimm, denn bei der Nazi-Regierung hatte ein Jude nun wirklich nichts verloren. Schlimmer war, daß es Juden verboten wurde, öffentliche Verkehrsmittel zu benutzen. Mit einer Ausnahme: Wenn der Arbeitsplatz weiter als 7 km von der Wohnung entfernt war. Dann durfte ein Jude aber in dem Verkehrsmittel auch nicht sitzen, sondern mußte stehen und konnte auch nur bestimmte Teile in der Bahn benutzen. Busse überhaupt nicht. Es war Juden nicht erlaubt, sich auf Bahnhöfen und in Wärmehallen aufzuhalten, auch in den bitterkalten Kriegswintern nicht. Und in den Luftschutzräumen mußten Juden getrennt von den anderen Hausbewohnern verweilen.
Das ist übrigens sehr wichtig: Zu all dem, was ich aufgezählt habe, kam noch hinzu, daß die Juden ebenso wie die übrige Bevölkerung von den Kriegsauswirkungen und besonders von den Luftangriffen betroffen waren. 1940 begannen die ersten Angriffe auf Berlin, und in den letzten Kriegsjahren verbrachten die Menschen oft Nacht für Nacht in den Luftschutzkellern. Unter den Hunderten und Tausenden Berlinern, die bei solchen Bombardements ums Leben kamen, waren viele Juden. Auch meine Schwester ist bei einem Luftangriff ums Leben gekommen.
Juden waren übrigens »wehrunwürdig«. Sie durften nicht Soldat werden. Das war in diesem Fall nicht als Vergünstigung gedacht, sondern war ein Zeichen für das Ausgeschlossensein aus der »Volksgemeinschaft«.
Außerdem durften Juden nur noch »jüdische« Vornamen haben. Jedenfalls,

was die Nazis als solche ansahen. Wenn man zufällig einen solchen Namen nicht hatte – das war bei den meisten der Fall –, mußten Frauen und Mädchen zu ihren Namen »Sara«, Männer und Jungen den Namen »Israel« setzen. So hieß ich dann seit 1938 »Hans Israel Grossmann«.
Durch all diese Schikanen wurden die deutschen Juden im Laufe der Zeit völlig isoliert. Sie lebten in einem unsichtbaren Ghetto. In den ursprünglichen Ghettos, den jüdischen Wohnbezirken der mittelalterlichen Städte, hatten die Juden immerhin untereinander Kontakte, aber in Nazi-Deutschland war es für sie schwierig und oft unmöglich geworden, ihre Verwandten und Freunde zu sehen. Neue Freundschaften zu schließen war so gut wie unmöglich.
Wir haben oft darüber nachgedacht, welche Absicht die Nazis mit ihrer Politik wohl verfolgen mochten. Lange Zeit glaubten wir, daß sie die Juden aus Deutschland vertreiben wollten. Tatsächlich ist mehr als die Hälfte der deutschen Juden ausgewandert. Aber dann – im Oktober 1941 – änderten sie ihre Politik. Das Auswandern wurde verboten.

Ein geheimes Rundschreiben von Martin Bormann: »Von besonderer Bedeutung ist ein erst vor wenigen Tagen ergangener Erlaß des Reichsführers SS...«

Der Stellvertreter des Führers *München 33, den 30. Okt. 1939*
Stabsleiter *Braunes Haus*
Der Reichsführer SS und Chef der Deutschen Polizei hat im Verlauf der letzten Wochen mehrere Anordnungen erlassen, durch die das Leben der Juden im Reich verschiedenen weiteren Einschränkungen unterworfen ist.
Allen Juden ist für die Zeit ab 20 Uhr ein allgemeines Ausgehverbot auferlegt worden.
Die im Besitze von Juden befindlichen Rundfunkapparate wurden eingezogen und den zuständigen Stellen zur anderweitigen gemeinnützigen Verwendung zur Verfügung gestellt.
Für den Einkauf des lebensnotwendigen Bedarfs wurden den Juden ursprünglich bestimmte Geschäfte zugewiesen, während ihnen der Einkauf in den übrigen Geschäften verboten wurde. Diese Maßnahme führte zu einer Benachteiligung der Geschäftsinhaber, die hiernach verpflichtet waren, an Juden zu verkaufen. Es wurde daher unter Aufhebung dieser Anordnung bestimmt, daß den Juden in den einzelnen Geschäften lediglich bestimmte Geschäftsstunden vorbehalten bleiben sollten...
Von besonderer Bedeutung ist ein erst vor wenigen Tagen ergangener Erlaß des Reichsführers SS und Chefs der Deutschen Polizei, in welchem angeordnet worden ist, daß alle Juden, die irgendwelchen Anordnungen nicht sofort Folge leisten oder sonst ein staatsabträgliches Verhalten an den Tag legen, sofort festzunehmen und in ein Konzentrationslager einzuliefern sind. Eine strenge Durchführung dieses Erlasses wird besser als jede andere Maßnahme geeignet sein, die Juden zu zwingen, ein ihnen angemessenes Verhalten an den Tag zu legen.

(Geheimes Rundschreiben Bormanns 206/39 in: Verfügungen, Anordnungen, Bekanntgaben. Herausgegeben von der Parteikanzlei München o. J., Bd. II, S. 130)

JÜDISCHE
PRIVATSCHULE
Dr. L. GOLDSCHMIDT
JOSEPH-
LEHMANN
SCHULE
683

Was war nur an uns Juden anders?

Gerade für uns Kinder war das alles mit furchtbaren Gefühlen verbunden. Wir durchschauten ja doch vieles nicht. Selbstverständlich versuchten meine Eltern – wie die Eltern anderer jüdischer Kinder auch –, manches von uns fernzuhalten, so daß wir wenigstens einen Hauch kindlicher Unbeschwertheit erleben durften. Aber das war gar nicht möglich. Unsicherheit, Ratlosigkeit, Verzweiflung, Wut, Verbitterung, Ausgeliefertsein, die Tränen, der Schmerz, das Ohnmächtigsein, wirklich »ohne Macht zu sein« gegen all diese Willkür und Brutalität: Das war das Bestimmende in unserem Leben.
Schon als Schulkinder wurden wir zu Außenseitern gestempelt. »Wer ist Jude?« fragte die Lehrerin gleich an meinem ersten Schultag, 1934. Wir waren vier jüdische Kinder und saßen ab sofort in der hinteren Ecke. Ich habe übrigens zu Hause meine Eltern nochmal gefragt, ob ich auch wirklich ein jüdisches Kind wäre, denn ganz sicher war ich mir nicht. Dann vergaß ich es aber nicht mehr.
Bald danach wurde den jüdischen Kindern während der Pause ein bestimmter Teil des Schulhofes zugewiesen. Oft wurden wir von anderen Kindern schikaniert; die Lehrer unternahmen nichts dagegen. Im Unterricht hörte ich, wie minderwertig und schlecht Juden wären. Am liebsten hätte ich mich verkrochen, denn ich war doch auch ein Jude.
Zu der Zeit bot die Jüdische Gemeinde in verstärktem Umfang Veranstaltungen für Kinder und Jugendliche an. Es gab Sport, Bastel- und Musiknachmittage, und auch Bücherstuben wurden eingerichtet. So kam es, daß wir bald nur noch Kontakte zu jüdischen Kindern hatten. Ich und andere wurden aus diesem Grunde viel stärker mit dem Gemeindeleben verbunden, als das vermutlich sonst der Fall gewesen wäre.
Eigentlich konnte ich froh sein, daß der Direktor des Gymnasiums, das ich 1938 besuchen sollte, ein strammer Nazi war. Seine Schule sollte »judenrein« sein, erklärte er meinen Eltern. So kam ich auf die jüdische Joseph-Lehmann-Schule. Nach der sogenannten Reichskristallnacht vom 9. auf den 10. November 1938 wurde dann allen jüdischen Kindern der Besuch staatlicher Schulen verboten.
Durch meine Erfahrungen in der Grundschule lernte ich früh, mit Ängsten zu leben, später auch mit Todesängsten. Überall war zu spüren: Ich gehörte offenbar zu einer Art von Menschen, gegen die die anderen etwas hatten, zu einer Art von Menschen, die anscheinend charakterlich schlechter waren als die anderen, die vielen.

Auch meine Eltern sprachen oft mit meiner Schwester über dieses Thema. Viel verstand ich davon nicht. Die anderen seien im Unrecht, sagten sie, sie würden bestimmte Dinge falsch sehen und beurteilen. Und überhaupt sei das eine alte Geschichte.
Allmählich bekam ich mit, daß über die Menschen, zu denen ich gehörte, auch Zeitungen berichteten. Es gab eine Zeitung, deren Name ich bald gut kannte, obwohl ich gerade erst zur Schule gekommen war: »Der Stürmer«. Viele Menschen lasen den »Stürmer« in der Bahn oder auf einer Parkbank. Bald wußte ich auch: Auf der Titelseite des »Stürmers« stand unten in der ganzen Breite ein Satz: »Die Juden sind unser Unglück.«
Aus dem Rundfunk kannte ich die schreienden Stimmen der Nazi-Redner. Hitler, Goebbels, Göring, Streicher und wie sie alle hießen. Dazu der Jubel der Menschen, die ihnen zuhörten. Nie mehr habe ich diese drohenden Stimmen vergessen können. Besonders bedrohlich aber klangen sie, wenn bestimmte Wörter fielen: Jude – Judentum – Juda – Weltjudentum … Reden von Hitler oder den anderen Nazi-Größen wurden sogar durch große Lautsprecher auf Straßen und Plätzen übertragen, denn damals konnten sich nicht alle Leute ein Radio leisten. Angst machten mir auch die Marschkolonnen der SA. Viele junge Männer. Die Braunhemden. Sie grölten Lieder mit

barbarischen Texten. Immer wieder skandierten sie einen Ruf: »Deutschland, erwache! – Juda, verrecke!«
Manchmal wurde mein Vater so richtig wütend, wenn Hitler oder andere behaupteten, die Juden seien keine richtigen und guten Deutschen. Dann wies er auf ein Foto, das ihn als Soldaten zeigt. Mit Orden. Damals, 1914, sei er sofort eingezogen worden. Vier Jahre sei er im Krieg gewesen. Ohne Wenn und Aber hätten die Juden ihre Wehrpflicht erfüllt. Viele – sogar der größere Teil – hätten sich freiwillig gemeldet. Oft wiederholte er: 100 000 jüdische Männer seien im Weltkrieg für Deutschland als Soldaten in den Krieg gegangen. Ein Sechstel der damaligen deutschen jüdischen Bevölkerung. Keine jüdische Familie habe es gegeben, in der nicht der Ehemann oder ein Sohn Soldat gewesen seien. 12 000 hätten im Krieg ihr Leben gelassen, noch mehr seien verwundet worden.

Nazi-Lied: ». . . und Juda – den Tod.«

Volk ans Gewehr!
Viele Jahre zogen dahin,
Geknechtet das Volk und betrogen.
Verräter und Juden hatten den Gewinn,
sie fordern Opfer Legionen.
Im Volke geboren, erstand uns ein Führer,
gab Glaube und Hoffnung an Deutschland uns wieder.
Volk ans Gewehr!

Wir Jungen und Alten, Mann für Mann,
umklammern das Hakenkreuzbanner;
ob Bauer, ob Bürger, ob Arbeitsmann,
sie schwingen das Schwert und den Hammer;
sie kämpfen für Hitler, für Arbeit und Brot,
Deutschland erwache! und Juda – den Tod.
Volk ans Gewehr!

(Aus: Völkischer Beobachter, 28. März 1933)

Nazi-Lied: »... zu jedem Massenmord bereit.«

Wetzt die langen Messer
Auf dem Bürgersteig!
Laßt die Messer flutschen
In den Judenleib!
:/: Blut muß fließen knüppelhageldick,
Wir scheißen auf die Freiheit der Judenrepublik.
Kommt einst die Stunde der Vergeltung,
Sind wir zu jedem Massenmord bereit. :/

(Zitiert nach: Leben im Dritten Reich. Hrsg. von der Bundeszentrale für politische Bildung. Bonn o. J., S. 25. Mit der »Judenrepublik« ist der demokratische Staat in Deutschland vor 1933 gemeint.)

Auf dem Schulhof der privaten Volksschule der jüdischen Gemeinde Rykestraße, 1936

Meine Familie

Durch meinen Vater wurde das Schicksal meiner Familie bestimmt. Er war Jude. Einige Jahre nach seiner Geburt – die war 1891 – zogen seine Eltern, meine Großeltern also, von Berlin-Mitte nach Charlottenburg. Charlottenburg war damals noch eine selbständige Stadtgemeinde vor den Toren Berlins. Zu jener Zeit war im Umkreis des Kurfürstendamms und der Tauentzienstraße ein neues Zentrum entstanden: mit Kaufhäusern, Geschäften, Restaurants, Cafés, Vergnügungsstätten und nicht zuletzt mit repräsentativen Wohnhäusern. Da konnten sich arme Leute keine Wohnungen leisten. Der Vater meines Großvaters war Straßenhändler gewesen, damals keine Seltenheit. Man sprach vom »fliegenden Gewerbe«. Eigentlich hätte es »schiebendes Gewerbe« heißen müssen, denn die Straßenhändler hatten meistens zweirädrige Karren, große Schubkarren etwa, die sie selbst zogen und auf denen sie ihre Waren anboten. Mein Urgroßvater handelte mit Kurzwaren. In vielen Jahren hatte er einiges gespart und richtete meinem Großvater damals ein kleines Wäschegeschäft ein. Im »Neuen Westen«, an der Ecke Waitzstraße/Sybelstraße. Die Tür genau auf der Ecke. Rechts und links ein Schaufenster, und darüber war auf die Hauswand gemalt: BETTEN GROSSMANN. Zu dem Laden gehörte auch eine Wohnung, die sich an den Verkaufsraum und den Lagerraum anschloß.

In diesem Geschäft wurde mein Vater groß, und es war selbstverständlich, daß er es eines Tages übernehmen würde. Dann kam der August 1914, der Krieg. Mein Vater kämpfte zuerst im Osten, dann an der Westfront, wo er den grausamen Stellungskrieg erlebte. Aber er überlebte.

Die Familie meines Vaters gehörte nicht zu den strenggläubigen Juden. Mein Vater wollte in erster Linie ein guter Bürger sein, der sich von den anderen Deutschen lediglich durch seine Religion unterschied, so wie sich auch Katholiken und Protestanten unterscheiden. Diese Einstellung hatten die meisten deutschen Juden, deren Familien schon lange Zeit, oft seit Generationen, in Deutschland lebten.

Es gab deshalb in der Familie meines Vaters auch keine großen Schwierigkeiten, als er 1919 eine Christin heiraten wollte. Im Unterschied zu vielen anderen jungen Männern zu der Zeit hatte mein Vater durch das elterliche Wäschegeschäft eine Existenzgrundlage. Er gehörte nicht zu der »verlorenen Generation« des Krieges, also zu jenen zahllosen jungen Männern, die nach der Niederlage von 1918 ohne Beruf und Arbeit dastanden. Viele von ihnen fanden erst in den Schlägertrupps der Nazis wieder eine Heimat.

In der Familie meiner Mutter aber gab es einen großen Krach, als die Tochter Clara einen Juden heiraten wollte. Ihr Vater war deutschnational eingestellt. Er sah die Juden schon damals als Feinde an und bekannte sich offen zu seinem Antisemitismus. Ich habe ihn und auch seine Frau nie kennengelernt. Denn nach ihrer Heirat mit einem Juden haben die Großeltern zu meiner Mutter alle Kontakte abgebrochen. Meine Mutter hat sich nur noch mit ihrer älteren Schwester Luise getroffen. Tante Luise wohnte in Lankwitz. Nach ihrer Heirat haben meine Eltern gemeinsam mit den Eltern meines Vaters eine größere Wohnung in der Mommsenstraße, nur einige hundert Meter vom Geschäft entfernt, gemietet. Die Wohnung dort war oft ein richtiges Warenlager.

Das Geschäft meiner Großeltern ging in den 20er Jahren nicht schlecht. Es lag in einer wohlhabenden Gegend, in die auch viele Juden gezogen waren: Geschäftsleute, Rechtsanwälte, Ärzte, Künstler, Journalisten, Lehrer, Ingenieure, Professoren.

Nun darf man aber nicht den Eindruck bekommen, als hätte es unter den Juden keine armen Leute gegeben. Die gab es sehr wohl in Berlin. Sie wohnten im Berliner Osten, nördlich vom Alexanderplatz, im »Scheunenviertel«. Hier lebten Zehntausende von Juden aus den Ostgebieten des Deutschen Reiches, darunter auch einige tausend Juden polnischer Herkunft. Einen polnischen Staat gab es vor 1919 ja nicht. Gerade während des Ersten Weltkrieges, als männliche deutsche Arbeitskräfte knapp waren, hat man den Zuzug der sogenannten »Ostjuden« nach Berlin gefördert. Sie waren willkommene und billige Arbeitskräfte für die Kriegswirtschaft. Diese Juden blieben fast alle nach dem Krieg Lohnarbeiter, entweder im Handwerk oder in der Landwirtschaft in der nahen Umgebung der Stadt.

Wie viele Juden haben 1933, als die Nazis an die Macht kamen, in Deutschland gelebt? Stellt man diese Frage Leuten, die nicht genauer über die Bevölkerungsentwicklung in Deutschland informiert sind, dann kommen meistens phantastische Zahlen heraus: Zwei, drei, vier, fünf, zehn, fünfzehn oder sogar noch mehr Millionen. Die richtige Zahl ist 503 000. Diese Zahl machte nicht einmal ein Prozent der Gesamtbevölkerung aus, genau 0,76 Prozent. Die meisten deutschen Juden lebten in Großstädten, etwa ein Drittel von ihnen allein in Berlin. Und Berlin hatte insgesamt 4,2 Millionen Einwohner.

Zu der großen jüdischen Gemeinde gehörte auch meine Familie. 1920 war meine Schwester Lili geboren worden. Im Jüdischen Krankenhaus – das lag im Wedding an der Iranischen Straße und an der Schulstraße – wurde sie zur Krankenschwester ausgebildet. 1927, am 3. Dezember, kam ich zur Welt. Daß wir Mitglieder der Jüdischen Gemeinde wurden, hätte nicht zwangsläufig so sein müssen. Es gab viele Fälle, in denen die Kinder aus Ehen, in denen der eine Elternteil Jude, der andere Nichtjude war – meistens Christ oder

Christin –, getauft wurden. Dieser Unterschied wurde bei den Nazis lebenswichtig, denn solche Mischehen hießen bei den Nazis »privilegiert«. Da wurde der jüdische Ehepartner in der Regel nicht verfolgt und mußte auch keinen »Judenstern« tragen.
Ehen zwischen Juden und Nichtjuden hießen übrigens schon vor der Nazizeit Mischehen. Mischehen waren zumindest in Berlin keine Seltenheit. Mitte der 20er Jahre heiratete etwa ein Fünftel aller Juden nichtjüdische Ehepartner. Dabei war es doppelt so häufig, daß ein jüdischer Mann eine nichtjüdische Frau heiratete, wie umgekehrt. Die Ehe meiner Eltern war also eine »typische« Mischehe.

Leben und Treiben in der Grenadierstraße (1934), die zu der jüdischen Wohngegend nordöstlich vom Alexanderplatz gehörte.

Der Rassenwahn

Meine Eltern hatten recht: Die Feindschaft gegen Juden hatte eine lange Geschichte. Nachdem die Nationalsozialisten 1933 an die Macht gekommen waren, geschah allerdings etwas, was es davor nicht gegeben hatte: Die Regierung bekämpfte die Juden. Es wurden Gesetze und Verordnungen erlassen, die sich direkt gegen Juden richteten. Juden konnten keine Beamten mehr sein, Juden durften nur noch Juden heiraten. Die Nazis wollten die Juden isolieren und aus dem gesellschaftlichen Leben verdrängen. Möglichst viele Juden sollten Deutschland verlassen. Heute wissen wir, daß die Nazis tatsächlich beschlossen hatten, alle Juden umzubringen. Das war für jeden von uns eine völlig unglaubliche Vorstellung. Die meisten Juden haben lange, lange gebraucht, um sich diese Wahrheit einzugestehen.
Was die Maßnahmen der Nazi-Regierung gegen die Juden betraf, so ist es sicher auch so gewesen, daß die meisten Deutschen – genauer: die meisten der anderen Deutschen, denn wir Juden waren und sind ja auch Deutsche – nichts gegen diese antijüdische Politik hatten. Selbstverständlich wollten nicht alle, daß die Juden umgebracht würden. Aber viele, sehr viele waren eben stillschweigend oder auch ganz offen damit einverstanden, daß die Juden gesellschaftlich und wirtschaftlich geächtet wurden. Die politischen Ideen der Nazis hatten ihre Wirkung eben nicht verfehlt.
Vielleicht ist das Geheimnis des ungeheuren Erfolges der Nazis gewesen, daß ihre politische Lehre schrecklich einfach, ja geradezu primitiv war. Hitler hatte diese Lehre ja in seinem 1925 erschienenen Buch »Mein Kampf« dargelegt. Dabei hat Hitler viele Ideen aufgegriffen und zusammengefügt, die zu seiner Zeit in großen Teilen der Gesellschaft diskutiert wurden.
Nach Hitlers Meinung zerfällt die Menschheit in Rassen, und zwar in gute und schlechte, höherwertige und minderwertige. Es gebe das Naturgesetz, daß zwischen den menschlichen Rassen ein ständiger Kampf um das Überleben herrsche, insbesondere um Lebensraum. Die höchste und schöpferischste Rasse seien die »Arier«, die »nordische Rasse«, die aus verschiedenen Völkern bestehe: aus Deutschen, Österreichern, Engländern, Dänen, Holländern und so weiter. Zu den minderwertigen Rassen würden alle Farbigen zählen sowie die Slawen, zu denen beispielsweise Russen und Polen gehören würden. Die minderwertigste Rasse aber sollten die Juden sein, die angeblich überall auf der Welt einen zersetzenden Einfluß ausübten, um den Niedergang der höherwertigen Rassen zu bewirken. Die Juden seien daher zwangsläufig die Todfeinde der Arier.

Es ist wenig tröstlich zu wissen, daß das alles völliger Unsinn ist. Es gibt beispielsweise überhaupt keine »arische Rasse«, und schon gar nicht stellen »die« Juden eine Rasse dar. Ursprünglich – und das heißt in diesem Fall bis vor beinahe zweitausend Jahren, bis nämlich die Israeliten aus Palästina vertrieben wurden und sich überall in Europa und sogar in Afrika ansiedelten – kann man davon sprechen, daß die Juden Teil jener menschlichen Rasse waren, die auf der Arabischen Halbinsel, im Zweistromland und in Nordafrika lebte. Die Forschung nennt diese Menschen »Orientalide«. Den Begriff »semitisch« hat vor gut 200 Jahren ein Sprachforscher geprägt, um eine Sprachfamilie zu kennzeichnen, zu der auch das Hebräische, die Sprache des Volkes Israel, gehört. Diese Begriffe wurden dann immer ungenauer und immer propagandistischer verwendet. Das passiert ja mit vielen Begriffen. Jedenfalls sprach man irgendwann von »Semiten« – schon vor den Nazis – und meinte damit die Juden.

Aus religiösen Gründen wurden die Juden häufig in den Gesellschaften, in denen sie Aufnahme gefunden hatten, isoliert. Jahrhundertelang konnten sie oft nur innerhalb ihrer eigenen Gruppe heiraten. Das brachte es mit sich, daß bei Juden bis in die Neuzeit hinein bestimmte äußere Merkmale, nämlich Merkmale der orientaliden Rasse, erhalten geblieben sind, wie zum Beispiel der mittelgroße grazile Wuchs, ein schmales, ovales Gesicht, eine große, leicht gebogene Nase, dunkle Augen, dunkle Haare. Sobald sich die Juden mit der übrigen Bevölkerung vermischten, verschwanden diese Äußerlichkeiten bei den Nachkommen natürlich allmählich.

Um all das ging es den Nazis und den anderen Judenfeinden aber gar nicht! Sie behaupteten vielmehr, daß die Juden – »rassisch bedingt« – bestimmte Charaktermängel in ihrem Erbgut hätten und diese schlechten Charakterzüge vererben würden. Ein Jude oder eine Jüdin sollten eben von Natur aus hinterlistig, verlogen, zersetzend, lüstern, geldgierig, gefühllos sein.

Der Untermensch – ... tiefer stehend als jedes Tier.

»... So wie die Nacht aufsteht gegen den Tag, wie sich Licht und Schatten ewig feind sind – so ist der größte Feind des erdebeherrschenden Menschen der Mensch selbst.
Der Untermensch – jene biologisch scheinbar völlig gleichgeartete Naturschöpfung mit Händen, Füßen und einer Art von Gehirn, mit Augen und Mund, ist doch eine ganz andere, eine furchtbare Kreatur, ist nur ein Wurf zum Menschen hin, mit menschenähnlichen Gesichtszügen – geistig, seelisch jedoch tiefer stehend als jedes Tier. Im Innern dieses Menschen ein grausames Chaos wilder hemmungsloser Leidenschaften: namenloser Zerstörungswille, primitivste Begierde, unverhüllteste Gemeinheit. Untermensch – sonst nichts!
Denn es ist nicht alles gleich, was Menschenantlitz trägt. – Wehe dem, der das vergißt!
Nie wahrte der Untermensch Frieden, nie gab er Ruhe.
Denn er brauchte das Halbdunkel, das Chaos.
Er scheute das Licht des kulturellen Fortschritts.
Er brauchte zur Selbsterhaltung den Sumpf, die Hölle, nicht aber die Sonne. –
Und diese Unterwelt der Untermenschen fand ihren Führer: – den ewigen Juden! ...«

(SS-Hauptamt: Der Untermensch. Berlin 1935. Zitiert bei L. Poliakov/J. Wulf: Das Dritte Reich und die Juden. Dokumente und Aufsätze. Berlin 1955, S. 217)

Goebbels: Der Jude ist ein notorischer Verbrecher.

»Jeder einzelne Jude, wo immer er steht und was immer er treibt, ist mitschuldig. Es gibt keine ›anständigen Juden‹, sondern es gibt nur mehr oder weniger geschickte Tarnung. Der Jude ist ein notorischer Verbrecher.«

(Deutscher Wochendienst, 21. Mai 1943, Nr. 8839)

Das negative Bild von den Juden ist aber keinesfalls eine Erfindung Hitlers gewesen. Dieses Bild hat schon eine lange Tradition. In sehr bekannten, vielgelesenen deutschen Romanen des 19. Jahrhunderts ist ein Jude häufig der Antiheld, ein gemeiner Widerling, ohne positive Charakterzüge, nur auf seinen materiellen Vorteil bedacht. Auch bei Karl May oder in den Zeichengeschichten von Wilhelm Busch sind die wenig sympathischen Personen oft Juden.

Das Bild der Juden in der Literatur

Beispiel: Gustav Freytag: Soll und Haben

Vorbemerkung: Dieser 1855 erschienene Roman ist eines der erfolgreichsten Bücher der deutschen Literatur. Sein Hauptthema: Der strebsame Aufstieg des jungen Anton Wohlfahrt aus dem Kleinbürgertum zum Mitinhaber einer großen Handelsfirma. Der Antiheld ist wie im »Hungerpastor« von Wilhelm Raabe (1864) ein Jude: Veitel Itzig – ein Name, der zum negativ belegten Inbegriff eines jüdischen Kaufmanns überhaupt wurde.

»Noch immer besaß Veitel Itzig seine Schlafstelle in der stillen Karawanserei, wo er sich am Tage seiner Ankunft einquartiert hatte. Wenn nach den Behauptungen der Polizei jeder Mensch irgendwo zu Hause sein muß und nach der Ansicht aller verständigen Frauen vorzugsweise da zu Hause ist, wo sein Bett steht, so war Veitel merkwürdig wenig zu Hause. Sooft er aus dem Geschäft des Herrn Ehrenthal entschlüpfen konnte, trieb er sich auf den Straßen umher, sah lauersam auf jeden jungen Herrn, welcher ihm geneigt schien, etwas zu kaufen oder zu verkaufen, und wußte aus der Haltung des Vorübergehenden genau zu erkennen, ob derselbe für die Reize eines kleinen Handels empfänglich sei oder nicht. Stets hatte er einige Paradetaler in der Tasche, mit welchen er in anmutiger Nachlässigkeit so lockend zu klappern verstand, daß nur ein fühlloser Mensch gleichgültig gegen diese Zahlungsfähigkeit sein konnte. Er wußte mit einem einzigen schnellen Blick die geheimsten Fehler eines Rockes oder einer Weste zu erkennen, er hatte für seine Kunden eine bezaubernde Fülle von verbindlichen Redensarten, er sprach aus Grundsatz zu keinem halbwüchsigen Primaner anders als: ›Wenn der gnädige Herr mir allergnädigst erlauben‹, er verstand, was ewig für das Höchste in diesem Geschäft gelten wird, seiner Untertänigkeit einen skurrilen Anstrich zu geben, und war Meister darin, die allerabgeschmacktesten Bücklinge zu machen. Er besaß die Wissenschaft, altes Messing durch Katzensilber blendend zu machen und altem Silber den allerhöchsten Glanz zu geben ...«

(Zitiert nach: Die Bibliothek deutscher Klassiker. Band 48. Vollständiger Text nach der Erstausgabe 1855. München 1981, S. 105)

Dieses herkömmliche negative Judenbild veränderten die Nazis noch. Sie verglichen die Juden mit Schädlingen aus der Tierwelt, mit Ratten, Flöhen, Kartoffelkäfern oder allgemein mit Ungeziefer. Damit wurde gedanklich die Idee der Vernichtung der Juden nahegelegt. Das war raffiniert gemacht.

Goebbels: Aber der Floh ist auch ein Tier...

»Gewiß ist der Jude auch ein Mensch. Noch nie hat das jemand von uns bezweifelt. Aber der Floh ist auch ein Tier – nur kein angenehmes. Und da der Floh kein angenehmes Tier ist, haben wir vor uns und unserem Gewissen nicht die Pflicht, ihn zu hüten und zu beschützen, ihn gedeihen zu lassen, damit er uns sticht und peinigt und quält, sondern ihn unschädlich zu machen.
Gleich so mit dem Juden.«

(J. Goebbels: Der Nazi – Sozi. München 1932, S. 12)

»Nahe liegt ein Vergleich der Juden mit Tuberkelbazillen.«

... »Einzeller und Menschen, die nicht zur Gemeinschaftsbildung geschritten sind, bewahren ihr Leben nur dadurch, daß sie sich als Parasiten von Gemeinschaftswesen erhalten. Dies gilt von den Bakterien wie von den Juden. Nahe liegt ein Vergleich der Juden mit Tuberkelbazillen. Fast alle Menschen beherbergen Tuberkelbazillen, fast alle Völker der Erde Juden; eine chronische, schwer heilbare Infektion. So wenig der menschliche Körper die Tuberkelbazillen in die Organisation seiner Gemeinschaft aufnimmt, so wenig nimmt eine natürliche, artgleiche Volksgemeinschaft Juden in ihren organischen Verband auf; sie werden im besten Falle als Parasiten ertragen. Überall in der Natur ist der Wirt vom Parasiten scharf unterschieden. Der Wirt muß, damit er leben kann, der Stärkere sein. Ist der Parasit stärker, dann gehen oft beide, immer aber der Wirt zugrunde. Der Tuberkulose erliegen schwache Menschen eher als kräftige, die jüdische Infektion befällt nur rassisch schwache Völker...«

(Oberfeldarzt Dr. Peltret in: Deutsches Ärzteblatt, Juni 1935; zit. nach Jüdische Rundschau, 40. Jahrg. Nr. 49 [18. Juni 1935])

Hitler selbst hatte bereits sehr früh, nämlich bald nach dem Ersten Weltkrieg, von der »Entfernung« der Juden gesprochen, und in seinem Buch »Mein Kampf« hatte er bedauert, daß man Juden nicht rechtzeitig vergast habe. Er gab ihnen die Schuld an der Kriegsniederlage Deutschlands.

Hitler (1919): Ziel des Antisemitismus ist die Entfernung der Juden überhaupt

»Der Antisemitismus aus rein gefühlsmäßigen Gründen wird seinen letzten Ausdruck finden in der Form von Pogromen. Der Antisemitismus der Vernunft jedoch muß führen zur planmäßigen gesetzlichen Bekämpfung und Beseitigung der Vorrechte des Juden, die er zum Unterschied der anderen zwischen uns lebenden Fremden besitzt (Fremdengesetzgebung). Sein letztes Ziel aber muß unverrückbar die Entfernung der Juden überhaupt sein. Zu beidem ist nur fähig eine Regierung nationaler Kraft und niemals eine Regierung nationaler Ohnmacht.«

(A. Hitler: Brief an Adolf Gemlich vom 16. Sept. 1919. In: D. Claussen: Vom Judenhaß zum Antisemitismus. Materialien einer verleugneten Geschichte. Darmstadt und Neuwied: SL 677, 1987, S. 190 ff., hier S. 192)

Hitler (1925): ... das Ungeziefer vertilgen.

In der Erstausgabe seines Buches »Mein Kampf« schreibt Hitler im Zusammenhang mit dem Bekenntnis der deutschen Arbeiterschaft zur Verteidigung des Deutschen Reiches im 1. Weltkrieg:

»Nun wäre aber der Zeitpunkt gekommen gewesen, gegen die ganze betrügerische Genossenschaft dieser jüdischen Volksvergifter vorzugehen. Nun mußte ihnen kurzerhand der Prozeß gemacht werden ohne die geringste Rücksicht auf ein etwa einsetzendes Geschrei, oder was noch besser gewesen wäre, ohne Mitleid mit allem Gejammer... Es war die Pflicht einer besorgten Staatsregierung, nun, da der deutsche Arbeiter wieder den Weg zum Volkstum gefunden hatte, die Verhetzer dieses Volkstums unbarmherzig auszurotten. Wenn an der Front die Besten fielen, dann konnte man zu Hause wenigstens das Ungeziefer vertilgen.«

(Mein Kampf. Eine Abrechnung von Adolf Hitler. 1. Bd. München 1925, S. 178)

Hitler (1933): Giftgas für hebräische Volksverderber

Die Schuld an der Kriegsniederlage des Deutschen Reiches 1918 schrieb Hitler – wie hätte es anders sein können – den Juden zu. Der damaligen deutschen Regierung warf er folgendes Versäumnis vor:

> *»... Hätte man zu Kriegsbeginn und während des Krieges einmal zwölf- oder fünfzehntausend dieser hebräischen Volksverderber so unter Giftgas gehalten, wie hunderttausend unserer allerbesten deutschen Arbeiter aus allen Schichten und Berufen es im Felde erdulden mußten, dann wäre das Millionenopfer der Front nicht vergeblich gewesen. Im Gegenteil: Zwölftausend Schurken zur rechten Zeit beseitigt, hätte vielleicht einer Million ordentlicher, für die Zukunft wertvoller Deutschen das Leben gerettet ...«*

(A. Hitler: Mein Kampf. München 1933, S. 772)

Judenfeindschaft – eine geistige Krücke

Es nutzt wenig, den Kopf über diese Mischung aus Dummheit und Brutalität zu schütteln. Wichtig zu wissen ist, warum die Ideen Hitlers auf so viele Menschen eine derart große Wirkung gehabt haben. Ich sehe zwei wesentliche Gründe.

Zum einen lieferte dieser antijüdische Rassismus eine einfache und damit für jeden verständliche Erklärung für alles, was in der Welt nicht in Ordnung war oder als nicht in Ordnung empfunden wurde. Auch das war nicht neu. Schon im Mittelalter waren Juden – neben den angeblichen Hexen und Zauberern – die Sündenböcke für Seuchen, Unglücke oder Naturkatastrophen. Und damit man ihrer immer habhaft werden konnte, mußten Juden in bestimmten Gassen – Judengassen – wohnen und oft auch ein äußeres Zeichen, zum Beispiel den sogenannten »Judenhut«, tragen.

Mit dem Beginn des Ersten Weltkrieges vollzogen sich in Deutschland und in ganz Europa große politische und gesellschaftliche Veränderungen, ja, Umwälzungen. Die Menschen erlebten den bis dahin grausamsten Krieg in der Weltgeschichte. »Die letzten Tage der Menschheit« – so der Titel eines gewaltigen Dramas von Karl Kraus aus jener Zeit – schienen angebrochen zu sein. In Rußland hatten 1917 die Bolschewisten die Macht an sich gerissen. Das deutsche Kaiserreich war untergegangen, das österreichisch-ungarische Kaiserreich zerstört. In Deutschland herrschte lange Zeit Bürgerkriegsstimmung. Eine ungeheure Geldentwertung – eine Folge der Kriegswirtschaft – ruinierte Millionen Sparer.

Großunternehmen und Kaufhäuser bedrohten die Existenz von Handwerkern und von kleinen Geschäftsleuten. Dann, am Ende der 20er Jahre, eine bis dahin einmalige internationale Wirtschaftskrise! In allen Industrieländern, auch in Deutschland, gab es Millionen Arbeitslose. Drohte eine kommunistische Revolution? Und wer hatte wohl an all dem schuld? Natürlich die Juden. So einfach war das!

Ein anderer Grund für die große Wirkung der Rassenlehre Hitlers dürfte darin gelegen haben, daß sie den Menschen in Deutschland – später auch in Österreich, das sich 1938 mit Hitler-Deutschland zusammenschloß – ein außerordentliches Selbstwertgefühl vermittelte. Hitler und die Nazis verkündeten: »Wir Deutsche gehören zu der großartigsten Rasse, die es überhaupt gibt! Wir sind Arier! Herrenmenschen!« Das hörten viele Leute eben gern, verständlicherweise. Nicht nur kleine Leute wie unser Hauswart damals, über den ich noch erzählen muß, nein, auch viele Beamte, Professoren, Lehrer, Handwerker oder Gewerbetreibende. Das Selbstbewußtsein vieler Deutschen war schließlich an die Vorstellung von der Größe der deutschen Nation gebunden. »Am deutschen Wesen soll die Welt genesen«, so hatte es schon im Kaiserreich geheißen. Und diese Größe hatte mit der Kriegsniederlage 1918 und ihren Folgen für viele Deutsche in unerträglicher Weise gelitten.

Werbeplakat Mai 1933 zum Kauf des Volksempfängers VE 301 (30.1.1933)

Über Juden und Judentum

Und dann diese absurde Idee der Nazis von einer »judischen Weltverschwörung« gegen die »höherwertigen« Rassen! Ich weiß nicht genau, wie viele Juden 1920 oder 1930 auf der Erde gelebt haben. Heute sind es 14, vielleicht 15 Millionen. Damals waren es einige Millionen mehr.

Goebbels: Die Juden sind in aller Welt gleich ...

Die Juden sind sich in aller Welt gleich; ob sie im östlichen Ghetto wohnen, ob in den Bankpalästen der City oder Wallstreet, sie werden dieselben Ziele verfolgen und werden, ohne daß sie sich darüber verständigen, auch dieselben Mittel dabei gebrauchen. Man könnte hier die Frage aufwerfen, warum es in der Weltenordnung überhaupt Juden gibt. Es wäre dieselbe Frage wie die, warum es Kartoffelkäfer gibt. Die Natur ist vom Gesetz des Kampfes beherrscht. Immer wieder wird es parasitäre Erscheinungen geben, die den Kampf beschleunigen und den Ausleseprozeß zwischen den Starken und den Schwachen intensivieren. Das Prinzip des Kampfes herrscht so auch im menschlichen Nebeneinanderleben. Man muß die Gesetze des Kampfes nur kennen, um sich darauf einstellen zu können.

(J. Goebbels: Tagebücher 1942/43, Eintrag vom 13. Mai 1943)

All diese Juden aber haben und hatten zunächst nichts anderes gemeinsam als die Zugehörigkeit zur selben Religion. Das bedeutet so viel Gemeinsamkeiten und Unterschiede, wie sie auch im Christentum oder unter Muslimen oder innerhalb jeder anderen Glaubensgemeinschaft bestehen. Wieviel Gemeinsamkeiten gibt es zum Beispiel zwischen einem protestantischen Lehrer in Berlin und einem katholischen Landarbeiter auf den Philippinen – mit Ausnahme der Tatsache, daß beide Christen sind? So ist das auch mit den Juden. Es gibt auf der Erde weiße, braune und gelbe jüdische Gemeinden, es gibt strenggläubige und liberale Richtungen im Judentum. Wir – mein Vater, meine Schwester und ich – gehörten zum Beispiel zu einer liberalen Richtung, der Reformgemeinde. Zu den liberalen Richtungen des Judentums bekennt sich heute der weitaus größte Teil der Juden in den USA.
In Deutschland – wie auch anderswo – gab es Juden in allen gesellschaftlichen Schichten und in allen politischen Lagern. Politiker und berühmte Unternehmer waren Juden. Am bekanntesten ist für euch aus dem

Geschichtsunterricht vielleicht Walter Rathenau. Er hat die deutsche Kriegswirtschaft im Ersten Weltkrieg organisiert, war der erste Außenminister der Weimarer Republik und wurde 1922 von Rechtsradikalen ermordet. Sein Vater Emil Rathenau hatte die AEG gegründet. Viele Arbeiterführer und Arbeiterführerinnen waren Juden oder stammten aus jüdischen Familien. Denkt nur an Rosa Luxemburg oder Karl Marx. Unter den Ärzten Berlins gab es viele Juden, interessanterweise besonders unter den Armenärzten. Berühmte deutsche Künstler und Kritiker vor 1933 waren Juden. Es gab und gibt selbstverständlich wohlhabende Juden, allerdings auch Millionen von Juden in aller Welt, die in großer Armut lebten und leben. All diese Juden – mit ihren verschiedenartigen sozialen Stellungen, mit ihren unterschiedlichen Interessen, mit ihren verschiedenen Bildungsniveaus, mit den voneinander abweichenden religiösen Einstellungen und Lebensweisen – all diese Juden sollten nun, wenn auch selbstverständlich insgeheim und ohne daß sie es selbst wußten, ein gemeinsames Ziel haben: die angeblich höherwertigen Rassen zu zersetzen und letztlich zu vernichten. Es ist sicher aus heutiger Sicht unverständlich, daß so wenige Menschen sich getraut haben, diesem Unsinn der Nazis zu widersprechen.

Habt ihr eigentlich schon einmal in der Schule über das Judentum, die jüdische Religion, gesprochen? Sicher doch. Dann wißt ihr wahrscheinlich, daß das Christentum seine Wurzeln in der jüdischen Religion hat. Jesus Christus war Jude. Er war das Kind jüdischer Eltern. Er war Rabbiner. All seine Jünger waren Juden. Er hat die hebräische Sprache gesprochen. Er hat die Heilige Schrift der Juden, die Thora, ausgelegt, die die Christen später »Altes Testament« nannten. Der Gott, zu dem er betete und den er seinen »Vater« nannte, dieser Gott war und ist der Gott der Juden und der Gott der Christen und übrigens auch der Gott der Muslime.
Den Christen ist es oft nicht bewußt, wie viele Gemeinsamkeiten es zwischen Christen- und Judentum gibt. Zum Beispiel der Glaube an den einzigen Gott, der der Schöpfer der Welt ist. Die Vorstellung, daß Gott gütig und barmherzig ist. Das Gebot der Nächstenliebe. Die Zehn Gebote. Die Verpflichtung für die Gläubigen, sich für Gerechtigkeit und Frieden einzusetzen.
Was Juden und Christen glaubensmäßig trennt, ist Jesus Christus. Seine ersten Anhänger – auch das waren Juden – haben in ihm den Messias, den göttlichen Heilsbringer und Erlöser, den Sohn Gottes, gesehen, der in der Thora verheißen wird. Mit diesem Glauben zogen sie, Jesus' Auftrag befolgend, in die Welt und verbreiteten ihn. Seine Anhänger nannten sich bald Christen.
Die Mehrzahl der Juden erkannte Jesus Christus nicht als Messias an. Bis heute warten die Juden auf den Messias, der Frieden und Gerechtigkeit brin-

gen soll. Denn sie können nicht erkennen, daß dies Jesus und seinen Anhängern gelungen wäre. Für sie ist Jesus ein großer jüdischer Gelehrter. Die Juden glauben wie seit Tausenden von Jahren, daß allein in der Thora zu erfahren ist, welche Verhaltensweisen Gott von ihnen erwartet. Daraus leiten sie ihre Sitten und Gebräuche ab.

Es ist eine geschichtliche Besonderheit der jüdischen Religion, daß die Juden ursprünglich auch ein gemeinsames Volk gewesen sind. Das Volk Israel, das in Palästina gelebt hat. Palästina aber war vor zweitausend Jahren ein Teil des Römischen Reiches. Ihr kennt doch sicher die Weihnachtsgeschichte und erinnert euch: Der Kaiser Augustus in Rom gab den Befehl zu einer Volkszählung in seinem Reich. Und dieser Befehl galt auch in Palästina. Palästina war also, modern gesprochen, ein römisches Besatzungsgebiet. Die Juden haben einige Male versucht, sich von dieser Besatzungsmacht, wo Kaiser und Kaiserin als Götter verehrt wurden, zu befreien. Ohne Erfolg. Schließlich zerstörten die Römer – nach christlicher Zeitrechnung im Jahre 70 – den Tempel in Jerusalem und begannen mit der Vertreibung der Juden. Ihr seht, nicht nur heute werden Menschen aus ihrer Heimat vertrieben. In den folgenden Jahrzehnten und Jahrhunderten verstreuten sich die Juden in alle Himmelsrichtungen. Viele siedelten in Europa. So löste sich allmählich die Einheit von Religions- und Volkszugehörigkeit für die Juden auf.

Wo die Juden auch lebten, immer waren sie eine Minderheit. Beharrlich hielten sie aber an ihrer Religion und ihren Gebräuchen fest und mußten sich sicher auch deshalb gegen viele Vorurteile wehren. Was den Menschen fremd ist, was sie nicht gewohnt sind, macht sie oft unsicher. Immer wieder wurden die Juden verfolgt. Umgebracht. Vertrieben. Wieder vertrieben. Nicht überall. In Deutschland konnten die Juden immerhin seit dem 18. Jahrhundert leben, ohne um ihr Leben fürchten zu müssen. Wichtig ist jedoch: Wo die Juden auch immer lebten, verhielten sie sich passiv angesichts der gesellschaftlichen und politischen Verhältnisse. Und wenn sie die Opfer dieser Verhältnisse wurden, wenn sie unterdrückt, verfolgt oder gemordet wurden, dann sahen viele Juden darin letztlich eine Strafe Gottes dafür, daß sie seine Gebote nicht genügend beachtet hatten. Die Juden lernten also kaum, sich gegen Unterdrückung zu wehren. Das heißt nicht, daß Juden nicht auch versucht hätten, jene Schwierigkeiten, die sich möglicherweise aufgrund ihrer Herkunft für sie ergaben, zu lösen. Manche traten deshalb zum Christentum über.

Andere Juden begeisterten sich für die Idee, daß die Juden in Palästina, in ihrer geschichtlichen Heimat, erneut einen Staat gründen sollten, um wieder als Volk zusammenleben zu können. Der Ungar Theodor Herzl entwarf dazu den Plan in seinem 1896 erschienenen Buch »Der Judenstaat«. Diese Idee bezeichnete er als »Zionismus«, seine Anhänger nannten sich »Zionisten«. Für die deutschen Juden hatte der Zionismus aber nie eine Bedeutung.

Sie fühlten sich als Deutsche mit jüdischer Religion, wie es eben auch Deutsche mit katholischer, protestantischer oder gar keiner Religion gab. Erst als die Nazis in den 30er Jahren mit ihrer antijüdischen Politik begannen, haben sich auch deutsche Juden für den Zionismus interessiert und versucht, nach Palästina auszuwandern.

Das war allerdings nicht so einfach. Palästina war kein menschenleeres Land. Seit vielen Jahrhunderten, ja seit Jahrtausenden lebten dort Araber, die das Land zurecht als ihre Heimat empfanden. Bis zum 1. Weltkrieg hatten die Türken, die mit dem Deutschen Reich verbündet und somit auch Verlierer jenes Krieges waren, über Palästina geherrscht. Daher kam Palästina im Auftrag des Völkerbundes unter britische Verwaltung. Und die Engländer sicherten den Palästinensern zu, daß sie jährlich nicht mehr als 6000 Juden ins Land lassen würden.

Im Jahre 1948 wurde tatsächlich der jüdische Staat Israel gegründet. Heute leben dort 3 Millionen Menschen. Wie ihr sicherlich wißt, ist das Problem des Zusammenlebens mit den Arabern bis heute nicht gelöst.

Es ist aber auch heute nicht so, daß alle Juden, die es auf der Welt gibt, den Wunsch haben, in Israel zu leben. Das will sicher nur der kleinere Teil. Ich kenne auch Juden, die irgendwann einmal nach Israel ausgewandert sind. Aus den verschiedensten Gründen hat es ihnen dort nicht gefallen, und sie sind wieder in ihre alten Heimatländer oder, wenn das nicht möglich war, in ein anderes Land gegangen. Allein in New York leben ja mehr Juden als in Israel.

Das Vorspiel: Stationen der Herabsetzung

Ich war fünf Jahre alt, als am 30. Januar 1933 die Nationalsozialisten in Deutschland an die Macht kamen. In den Geschichtsbüchern meiner Kinder habe ich gelesen, daß die Nazis sofort ihre politischen Gegner verfolgt und terrorisiert haben. Das stimmt auch. Aber es hat auch nicht lange gedauert, bis sie mit den ersten judenfeindlichen Aktionen begonnen haben.

Aufruf der NSDAP zum antijüdischen Boykott am 1. April 1933

»Deutsche Volksgenossen, deutsche Volksgenossinnen! Die Schuldigen an diesem wahnwitzigen Verbrechen, an dieser niederträchtigen Greuel- und Boykotthetze** sind die Juden in Deutschland. Sie haben ihre Rassengenossen im Ausland zum Kampf gegen das deutsche Volk aufgerufen. Sie haben die Lügen und Verleumdungen hinausgemeldet. Darum hat die Reichsleitung der deutschen Freiheitsbewegung beschlossen, in Abwehr der verbrecherischen Hetze ab Samstag, den 1. April 1933, vormittags 10 Uhr, über alle jüdischen Geschäfte, Warenhäuser, Kanzleien usw. den Boykott zu verhängen. Dieser Boykottierung Folge zu leisten, dazu rufen wir Euch, deutsche Frauen und Männer, auf. Kauft nicht in jüdischen Geschäften und Warenhäusern! Geht nicht zu jüdischen Rechtsanwälten! Meidet jüdische Ärzte!«*

(Zitiert nach: Braunbuch über Reichstagsbrand und Hitler-Terror. Basel 1933, S. 242 f.)

Am 1. April 1933 organisierte die Nazi-Partei – also offiziell nicht die Regierung, sondern die Partei – einen Boykott gegen jüdische Geschäfte, Rechtsanwälte, Notare, Ärzte, Vertreter und so weiter. Das war ein Tag, an dem im ganzen Deutschen Reich prachtvoll geflaggt wurde. Angeblich nicht wegen des Boykotts, sondern wegen Bismarcks Geburtstag. Die Bevölkerung wurde aufgerufen, an diesem Tag nicht bei Juden zu kaufen oder andere Dienstleistungen von Juden in Anspruch zu nehmen. Wer es dennoch tun würde, wäre kein guter Deutscher. Gute Deutsche sollten natürlich überhaupt nicht bei Juden kaufen. Es wurden also SA-Leute mit Plakaten, teilweise sogar mit englischsprachigen Texten für die internationale Presse, vor die Geschäfte gestellt, deren Eigentümer Juden waren. Das war organisato-

* Gemeint ist der Reichstagsbrand, mit dem kein Jude irgendetwas zu tun gehabt hat.

** Gemeint sind kritische Reaktionen im Ausland gegen die nationalsozialistische Regierungsübernahme.

Mit dem Andrang bei der von den Nazis organisierten »Boykott-Kundgebung« am 1. April 1933 konnte Goebbels zufrieden sein.

risch sehr gut vorbereitet. Joseph Goebbels war der Gauleiter der Nazi-Partei in Berlin. Und gerade 14 Tage vor dem 1. April 1933 war er zum Minister für Volksaufklärung und Propaganda ernannt worden. Goebbels hielt anläßlich des Boykotts vor Tausenden von Menschen im Lustgarten eine Rede.

Völkischer Beobachter: Der Boykott – eine »Generalprobe«

Die Juden haben eine bittere Lehre hinnehmen müssen. Die Lehre war, daß man jetzt nicht mehr gewillt ist, sich auf lange Verhandlungen mit ihnen einzulassen, sondern daß man sie da packen wird, wo sie am empfindlichsten sind: Am Geldbeutel. Der Boykott vom Sonnabend ist lediglich als eine Generalprobe für eine Reihe von Maßnahmen zu betrachten, die, wenn sich die Meinung der Welt, die im Augenblick gegen uns ist, nicht endgültig ändert, durchgeführt werden.

(Völkischer Beobachter, 3. April 1933. Der »Völkische Beobachter« war die Zeitung der Nazi-Partei.)

Es gehörte schon viel Mut dazu, an diesem Tag als Nichtjude in das Geschäft eines Juden zu gehen. Das haben auch nur wenige gewagt. Man wurde dann von den SA-Leuten angesprochen und bedroht. Oft wurde der Name notiert. Wenn viele Menschen an diesem Tag ganz bewußt in ein jüdisches Geschäft gegangen wären, dann hätte der Boykott für die Nazis durchaus ein Schlag ins Wasser werden können. Aber dazu kam es nicht. Daher hatten die Nazis auch allen Grund, diesen 1. April 1933 als einen Erfolg zu feiern. Meine Mutter hat später oft gesagt: »Schon damals war zu erkennen, daß die Juden von der übrigen Bevölkerung wenig Hilfe und Unterstützung zu erwarten hatten.« Es stimmt wohl auch, daß vielen nichtjüdischen Geschäftsleuten die Boykottaufrufe der Nazis gegen die Geschäfte von Juden sehr gelegen kamen. Hofften sie doch, auf diese für sie bequeme Weise geschäftliche Konkurrenz loszuwerden.

SA – die Kraft der marschierenden Kolonne

Die einzige Form, in der sich die SA an die Öffentlichkeit wendet, ist das geschlossene Auftreten. Dieses ist zugleich eine der stärksten Propagandaformen. Der Anblick einer starken Zahl innerlich und äußerlich gleichmäßiger, disziplinierter Männer, deren restloser Kampfwille unzweideutig zu sehen oder zu ahnen ist, macht auf jeden Deutschen den tiefsten Eindruck und spricht zu seinem Herzen eine überzeugendere und mitreißendere Sprache als es Schrift und Rede und Logik je vermag.
Ruhiges Gefaßtsein und Selbstverständlichkeit unterstreichen den Eindruck der Kraft – der Kraft der marschierenden Kolonnen und der Kraft der Sache, für die sie marschieren. Die innere Kraft der Sache läßt den Deutschen gefühlsmäßig auf deren Richtigkeit schließen …

(F. Pfeffer von Salomon: Befehl vom 3. November 1926 über »SA und Öffentlichkeit [Propaganda]«)

Michalski & Striemer
konfektionierte Weisswaren
Kinderhüte
Fahrstuhl
eutsche, verteidigt Euch
gegen die jüdische
Greuelpropaganda,
kauft
nur bei Deutschen!
Germans defend
yourselves against jewish
atrocity propaganda
buy only at German shops!
Deutsche, verteidigt Euch
gegen die jüdische
Greuelpropaganda,
kauft
nur bei Deutschen!
Germans defend
yourselves against jewish
atrocity propaganda
buy only at German shops!

Sicher hatte auch der Straßenterror, den die SA schon vor 1933 in ganz Deutschland, besonders aber in Berlin, verbreitet hatte, bei vielen Nazi-Gegnern seine Wirkung nicht verfehlt. Das alles hatte Goebbels organisiert, der 1926 im Alter von 30 Jahren Leiter der Nazi-Partei in Berlin geworden war. »Gauleiter« hieß das. Weil viele Leute im stillen damit rechneten, daß die Nazis in Deutschland einmal an die Macht kommen würden, stellten auch Nazi-Gegner oder Nichtanhänger ihr Verhalten schon vor 1933 darauf ein. Zwei Beispiele: Da wurde in einem Krankenhaus ein hochqualifizierter Arzt, der Jude war, nicht eingestellt, weil die Krankenhausleitung befürchtete, daß sie unter einer Nazi-Regierung Schwierigkeiten bekommen würde. Oder: Ein nichtjüdisches Ehepaar kaufte zwar in dem Geschäft eines Juden Möbel, bat aber zugleich darum, »wegen der Nachbarn« die Ware in einem Wagen ohne den Namen des Geschäftes anzuliefern. Mit solchen Verhaltensweisen arbeitete man natürlich, wenn auch ohne Absicht, den Nazis in die Hände.

Der Boykott vom 1. April 1933 und die Aufrufe der Nazis, nicht in Geschäften von Juden zu kaufen, haben uns nicht so sehr geschadet, denn Charlottenburg hatte einen hohen jüdischen Bevölkerungsanteil. Zumindest Juden haben also weiterhin bei uns gekauft. Erst im Laufe der Jahre wurde es schlechter, denn viele Juden wanderten aus. Aber es zogen auch Juden nach Berlin, denn sie hofften, daß hier in der Großstadt das Leben leichter sein würde als in den kleinen Städten der Provinz. Dort wohnten oft nur wenige Juden, und die Isolierung und Diskriminierung waren noch schwerer auszuhalten.

1934 wanderten auch die Eltern meines Vaters aus. Sie waren fast 70 Jahre alt, aber noch recht rüstig. Meine Großmutter hatte eine Schwester in New York, deren Mann Eigentümer eines Bekleidungsbetriebes war. Sie schickte meinen Großeltern das Geld für die Überfahrt und übernahm auch die Garantie für den Lebensunterhalt. Das verlangte nämlich die amerikanische Regierung. Vielen Juden war es gar nicht möglich, solche Garantien nachzuweisen. Das ist nur ein Beispiel, wie schwierig es für die Juden war, überhaupt auswandern zu können. Es sagt sich so leicht: »Die Juden hätten ja auswandern können.« Theoretisch, ja. In der Praxis aber bestanden ungeheure Schwierigkeiten.

Ich erinnere mich noch daran, wie wir meine Großeltern am Hamburger Bahnhof verabschiedeten. Später war davon die Rede, sie würden uns 1936, als in Berlin die Olympischen Spiele stattfanden, besuchen. Dazu ist es jedoch nicht gekommen, weil mein Großvater krank wurde und bald darauf starb. Meine Großmutter hat ein hohes Alter erreicht. Sie starb 1947.

Kurze Zeit nach dem Boykott – am 10. Mai 1933 – brannten die Bücher. Auch eines dieser Schauspiele, das die Nazis inszenierten. Sogenannte

»undeutsche« Bücher wurden verbrannt. Es versteht sich von selbst, daß damit in erster Linie auch jüdische Schriftsteller gemeint waren oder – gemäß der Rassenlehre der Nazis – Schriftsteller, die jüdische Vorfahren hatten.
Schritt für Schritt wurden in der Folgezeit Juden aus dem gesellschaftlichen und beruflichen Leben ausgeschlossen. Juden wurden aus dem kulturellen Leben, aus den Opern, den Schauspielhäusern, aus den Filmen vertrieben. Wer als Nichtjude noch geschäftliche, freundschaftliche oder andere private Kontakte zu Juden hatte, wurde von den Nazis und sogar in der Nazi-Presse wie dem »Stürmer« an den Pranger gestellt. Dann gab es eine Art Wettbewerb zwischen kleinen Städten und Dörfern. Man wetteiferte darin, »judenfrei zu sein. Große Schilder verkündeten den »Erfolg«.
Und dann wurden – im September 1935 – die »Nürnberger Gesetze« erlassen. Da erfanden die Nazi-Juristen unter anderem die Unterscheidung zwischen »Reichsbürgern« und »Staatsangehörigen«. Die Juden galten von nun ab nicht mehr als »Reichsbürger«, sondern sie waren nur noch »Staatsangehörige«. Das Ungeheuerliche an dieser Regelung war, daß damit in Deutschland, in einer ursprünglich bedeutenden Kulturnation, die Gleichheit aller Menschen geleugnet wurde. Für die Anerkennung dieses Grundsatzes war doch in der Menschheitsgeschichte und auch in Deutschland lange gekämpft worden! Ein anderes dieser »Nürnberger Gesetze« bestimmte, daß Juden und Nichtjuden das Heiraten verboten wurde. Ein Gesetz, das für viele Menschen großes Leid brachte. Ich selbst habe das nicht so bewußt mitbekommen, denn ich wurde schließlich erst acht Jahre alt.

Anzeige für ein antisemitisches Gesellschaftsspiel

An die »Reichskristallnacht«, wie die Nazis dieses Ereignis nannten, drei Jahre später, erinnere ich mich aber sehr genau. »Kristallnacht« – das klingt irgendwie schön. Gemeint waren die Splitter der Glasscheiben von Synagogen und jüdischen Geschäften. Manche Straßen waren von Scherben übersät. Vor meinen Augen sehe ich noch immer das zertrümmerte und geplünderte Geschäft und meine verzweifelten Eltern. Da hatten nicht nur

Reichsbürgergesetz: Abkehr von den Lehren von der Gleichheit aller Menschen

Der Reichstag hat einstimmig das folgende Gesetz beschlossen, das hiermit verkündet wird.
§ 1 1. Staatsangehöriger ist, wer dem Schutzverband des Deutschen Reiches angehört und ihm dafür besonders verpflichtet ist.
2. Die Staatsangehörigkeit wird nach den Vorschriften des Reichs- und Staatsangehörigkeitsgesetzes erworben.
§ 2 1. Reichsbürger ist nur der Staatsangehörige deutschen oder artverwandten Blutes, der durch sein Verhalten beweist, daß er gewillt und geeignet ist, in Treue dem deutschen Volk und Reich zu dienen.
2. Das Reichsbürgerrecht wird durch Verleihung des Reichsbürgerbriefes erworben.
3. Der Reichsbürger ist der alleinige Träger der vollen politischen Rechte nach Maßgabe der Gesetze.
§ 3 Der Reichsminister des Innern erläßt im Einvernehmen mit dem Stellvertreter des Führers die zur Durchführung und Ergänzung des Gesetzes erforderlichen Rechts- und Verwaltungsvorschriften.

Nürnberg, 15. September 1935

(Reichsgesetzblatt, Jahrgang 1935, Teil 1, Nr. 100, S. 1145 f)

Kommentar zum Reichsbürgergesetz (Auszug)

Kein nach der nationalsozialistischen Revolution erlassenes Gesetz ist eine so vollkommene Abkehr von der Geisteshaltung und der Staatsauffassung des vergangenen Jahrhunderts wie das Reichsbürgergesetz. Den Lehren von der Gleichheit aller Menschen und von der grundsätzlich unbeschränkten Freiheit des einzelnen gegenüber dem Staate setzt der Nationalsozialismus hier die harten, aber notwendigen Erkenntnisse von der naturgesetzlichen Ungleichheit und Verschiedenartigkeit der Menschen entgegen. Aus der Verschiedenartigkeit der Rassen, Völker und Menschen folgen zwangsläufig Unterscheidungen in den Rechten und Pflichten der einzelnen. Diese auf dem Leben und den unabänderlichen Naturgesetzen beruhende Verschiedenheit führt das Reichsbürgergesetz in der politischen Grundordnung des deutschen Volkes durch.

(Stuckart/Globke, Kommentare zur deutschen Rassegesetzgebung, Bd. I, München/Berlin 1936, S. 9 ff. Zit. nach Schoenberner: Der gelbe Stern, S. 11)

SA-Leute geplündert. Nein, auch die angeblich anständigen »arischen« Deutschen aus den Häusern der Umgebung. Schräg gegenüber in der Waitzstraße war ein kleines Pelzgeschäft. Mit eigenen Augen habe ich gesehen, wie die Hausbewohner Pelze herausgeholt haben.

Man hatte auch unsere Wohnung aufgebrochen, obwohl damals noch kein Judenstern an der Tür zu sein hatte. Aber unser Hauswart Kalinski wußte natürlich Bescheid. Seine Söhne waren in der SA. Die haben einige wertvolle Sachen – Tafelsilber, Kleinmöbel, Teppiche – einfach geklaut. Als mein Vater den Kalinski darauf ansprach, hat der ihn nur angeschrien: »Halten Sie bloß die Schnauze! Wenn Sie noch was sagen, dann kommen Sie gleich ins KZ!«

Was aber war in jener Nacht und davor geschehen? Ich habe schon erwähnt, daß in Deutschland und gerade in Berlin Tausende von polnischen Juden lebten. Die Nazis hatten beschlossen, sie nach Polen auszuweisen. Über 15 000 Menschen. Das geschah Ende Oktober 1938. Das heißt, es sollte geschehen. Denn die polnische Regierung ließ diese Menschen zunächst nicht einreisen. Sie saßen tagelang im Niemandsland zwischen Deutschland und Polen.

Zu diesen ausgewiesenen polnischen Juden gehörten die Eltern eines Siebzehnjährigen, der in Paris lebte. Herszel Grynspan. Der verübte nun in seiner Verzweiflung am 7. November in der deutschen Botschaft in Paris auf einen Botschaftsangehörigen, den Legationssekretär Ernst vom Rath, ein Attentat. Vom Rath starb am Nachmittag des 9. November. An diesem Tag war die Nazi-Führung wegen eines nationalsozialistischen Gedenktages in München versammelt. Wie die Geschichtsforscher herausgefunden haben, hat Goebbels nach Bekanntgabe des Todes die anwesenden Gauleiter aufgefordert, in ihren Regionen an die SA-Organisationen Anweisungen zu systematischen Pogromen gegen Juden zu geben. Das hat bestens geklappt. Noch in der Nacht wurden überall in Deutschland Synagogen angezündet oder zerstört. SA- und auch SS-Trupps verwüsteten jüdische Geschäfte. Zahllose Juden wurden mißhandelt und fast 100 umgebracht. In den Folgetagen wurden noch über 26 000 jüdische Männer gefangengenommen, allein 10 000 in Berlin. Sie kamen in die Konzentrationslager Dachau, Buchenwald und Oranienburg. Viele sind an den Mißhandlungen und Entbehrungen gestorben. Wer Auswanderungspapiere vorlegen konnte – dafür haben dann die Angehörigen gesorgt –, ist wieder freigelassen worden.

Diese Geschehnisse bedeuteten einen großen Schock für die jüdische Bevölkerung. Sie wurde gezwungen, eine Milliarde Reichsmark als »Sühneleistung« aufzubringen. Die Geschäftsinhaber erhielten keine Entschädigungen für die Zerstörungen. Kurz danach begannen die Nazis damit, die vielen antijüdischen Verordnungen zu erlassen, über die ich am Anfang berichtet habe.

Befehl zum Pogrom: Der Führer wünscht, daß die Polizei nicht eingreift.

Vorbemerkung: Der Befehl des Gruppenführers, der dem Stabsführer der Gruppe, Oberführer Römpagel, in der Nacht vom 9. zum 10. November 1938 telefonisch übermittelt wurde, ist von diesem wie folgt schriftlich zusammengefaßt worden:

»Sämtliche jüdischen Geschäfte sind sofort von SA-Männern in Uniform zu zerstören. Nach der Zerstörung hat eine SA-Wache aufzuziehen, die dafür zu sorgen hat, daß keinerlei Wertgegenstände entwendet werden können. Die Verwaltungsführer der SA stellen sämtliche Wertgegenstände einschließlich Geld sicher.
Die Presse ist heranzuziehen.
Jüdische Synagogen sind sofort in Brand zu stecken, jüdische Symbole sind sicherzustellen. Die Feuerwehr darf nicht eingreifen. Es sind nur Wohnhäuser arischer Deutscher zu schützen von der Feuerwehr. Jüdische anliegende Wohnhäuser sind auch von der Feuerwehr zu schützen, allerdings müssen die Juden raus, da Arier in den nächsten Tagen dort einziehen werden.
Die Polizei darf nicht eingreifen. Der Führer wünscht, daß die Polizei nicht eingreift...
An den zerstörten jüdischen Geschäften, Synagogen usw. sind Schilder anzubringen mit etwa folgendem Text:
Rache für Mord an vom Rath.
Tod dem internationalen Judentum.
Keine Verständigung mit den Völkern, die judenhörig sind.«

(Aus dem Urteil des Obersten Parteigerichts vom 20.1.1939 in Sachen des August Frühling und Genossen, S. 7 f.; Original im Institut für Zeitgeschichte, München.)

Schließlich setzten auch die Maßnahmen ein, die die Juden völlig aus dem Wirtschaftsleben ausschalteten. Die Nazis nannten das »Arisierung«. Davon waren auch meine Eltern betroffen. Sie mußten ihr Geschäft weit unter dem tatsächlichen Wert verkaufen. Das Geld durften sie aber nicht verwenden, sondern mußten es auf ein Sperrkonto legen. Nun standen meine Eltern ohne Einkommen da. Bald darauf wurde mein Vater zur Zwangsarbeit bei der Reichsbahn verpflichtet. Zum Gleisbau. Eine ungeheure Schufterei für einen Hungerlohn!

Göring: Ich möchte kein Jude in Deutschland sein.

Wie die Nazi-Oberen nach der Pogromnacht am 12. November 1938 Beschlüsse faßten.

Göring: *Darüber möchte ich keinen Zweifel lassen, meine Herren: die heutige Sitzung ist nicht dazu da, sich erneut darüber zu unterhalten, was getan werden sollte, sondern es fallen jetzt Entscheidungen, und ich bitte die Ressorts inständig, nun aber Schlag auf Schlag die notwendigen Maßnahmen zur Arisierung der Wirtschaft zu treffen und mir vorzulegen, soweit das notwendig ist.*
Bei der Arisierung der Wirtschaft ist der Grundgedanke folgender: Der Jude wird aus der Wirtschaft ausgeschieden und tritt seine Wirtschaftsgüter an den Staat ab...
Wieviele Synagogen sind tatsächlich niedergebrannt?
Heydrich: *Es sind im ganzen 101 Synagogen durch Brand zerstört, 76 Synagogen demoliert, 7500 zerstörte Geschäfte im Reich...*
Goebbels: *Ich halte es für notwendig, jetzt eine Verordnung herauszugeben, daß den Juden verboten wird, deutsche Theater, Kinotheater und Zirkusse zu besuchen...*
Dann muß eine Verordnung herauskommen, daß es den Juden verboten ist, deutsche Bäder, Strandbäder und deutsche Erholungsstätten zu besuchen....
Es wäre zu überlegen, ob es nicht notwendig ist, den Juden das Betreten des deutschen Waldes zu verbieten....
Als letztes wäre noch folgendes vorzutragen. Es besteht tatsächlich heute noch der Zustand, daß jüdische Kinder in deutsche Schulen gehen. Das halte ich für unmöglich. Ich halte es für ausgeschlossen, daß mein Junge neben einem Juden im deutschen Gymnasium sitzt und deutschen Geschichtsunterricht erteilt bekommt. Ich halte es für notwendig, daß die Juden absolut aus den deutschen Schulen entfernt werden...
Heydrich: *7500 zerstörte Geschäfte im Reich...*
Göring: *Mir wäre es lieber gewesen, ihr hättet 200 Juden erschlagen und hättet nicht solche Werte vernichtet...*
Heydrich: *Für die Isolierung möchte ich rein polizeilich einige Vorschläge kurz unterbreiten, die auch wegen ihres psychologischen Einflusses auf die öffentliche Meinung von Wert sind, z. B. die persönliche Kennzeichnung des Juden, indem man sagt: Jeder Jude im Sinne der Nürnberger Gesetze muß ein bestimmtes Abzeichen tragen. Das ist eine Möglichkeit, die viele andere Dinge erleichtert...*
Göring: *Eine Uniform!*
Heydrich: *Ein Abzeichen...*
Göring: *Diese Dinge müssen hintereinanderweg herauskommen.*
Heydrich: *Ich wollte bloß grundsätzlich das Einverständnis erbitten, daß wir diese Dinge einleiten dürfen.*
Göring: *Ich werde den Wortlaut wählen, daß die deutschen Juden in ihrer Gesamtheit als Strafe für die ruchlosen Verbrechen usw. usw. eine Kontribution von 1 Milliarde auferlegt bekommen. Das wird hinhauen. Die Schweine werden einen zweiten Mord so schnell nicht machen. Im übrigen muß ich noch einmal feststellen: ich möchte kein Jude in Deutschland sein....*
Das zweite ist folgendes. Wenn das Deutsche Reich in irgendeiner absehbaren Zeit in außenpolitischen Konflikt kommt, so ist es selbstverständlich, daß auch wir in Deutschland in allererster Linie daran denken werden, eine große Abrechnung an den Juden zu vollziehen....

Dann geschah noch etwas, was zu jenen Dingen gehörte, die meine Eltern zumindest vor mir – wenn auch sicher nicht mehr vor meiner Schwester – verheimlichten. Die Gestapo bedrängte meine Mutter, sich von ihrem Mann scheiden zu lassen. Man machte ihr die bequemsten Angebote, wie sie später erzählt hat. So erging es aber nicht nur ihr. Überall wurden nicht-jüdische Ehepartner unter Druck gesetzt, besonders auch an ihren Arbeitsstellen. »Wir würden Sie gerne befördern«, hieß es dann, »wenn Sie nicht mit einer Jüdin (oder einem Juden) verheiratet wären.« Nur ganz wenige sind damals diesem Druck erlegen. Auch später, als es beinahe schon lebensgefährlich geworden war, mit einem jüdischen Partner verheiratet zu sein, haben diese Menschen sich nicht kleinkriegen lassen. Wer wie die Nazis an Gewalt glaubt, kennt eben die Kraft der Liebe nicht.
Was aber wurde aus dem Geschäft meiner Eltern? In Charlottenburg und in den angrenzenden Bezirken Wilmersdorf und Spandau gab es die »arische« Konkurrenz »Betten Müller«. Dieser Müller war ein bekannter Nazi, der eine Rolle in irgendeiner Wirtschaftsorganisation spielte. Bei mittleren und gerade auch bei kleinen Gewerbetreibenden – Handwerkern, Kleinhändlern – hatten die Nazis eine große Anhängerschaft. Ich erinnere mich, daß der Bäckermeister neben uns in der Waitzstraße schon vor der Machtübernahme der Nazis ein großes gebackenes Hakenkreuz im Schaufenster ausgestellt hatte und später auch Hakenkreuze als Gebäckstücke verkaufte. Aber zurück zu »Betten Müller«. Der besaß einige Ladengeschäfte in verschiedenen Bezirken, und er hatte sich irgendwann auch schon mal an meine Eltern gewendet, um deren Geschäft zu übernehmen. Allerdings vergeblich. Dieser Müller wetterte in Zeitungsartikeln immer wieder gegen angeblich »jüdische Geschäftspraktiken«. Hemmungslos würden jüdische Geschäftsinhaber die kleinen Konkurrenten in den Ruin treiben. Aus »Betten Grossmann« wurde dann also »Betten Müller«. Ich glaube, im Westen von Berlin hat es bald kein anderes Wäsche- und Bettengeschäft mit anderem Namen mehr gegeben.

(Auszüge aus der stenographischen Niederschrift einer Besprechung im Luftfahrtministerium, Berlin, 12. 11. 1938)

Der Krieg und die »Schuld der Juden«

Am 1. September 1939 begann der Krieg gegen Polen und damit der Zweite Weltkrieg. Man braucht nicht lange darüber zu rätseln, wem die Nazis die Schuld an diesem Krieg gaben. Selbstverständlich den Juden. Ja, die Nazis wußten schon vor Kriegsbeginn, daß die Juden den Krieg verschulden würden.

Hitler (30. Januar 1939): »Ich will heute wieder ein Prophet sein ...«

> *Ich bin in meinem Leben sehr oft Prophet gewesen und wurde meistens ausgelacht ... Ich will heute wieder ein Prophet sein: Wenn es dem internationalen Finanzjudentum in- und außerhalb Europas gelingen sollte, die Völker noch einmal in einen Weltkrieg zu stürzen, dann wird das Ergebnis nicht die Bolschewisierung der Erde und damit der Sieg des Judentums sein, sondern die Vernichtung der jüdischen Rasse in Europa.*

(Aus einer Reichstagsrede vom 30. Januar 1939. Zitiert nach Frankfurter Zeitung, 1. Februar 1939, und Neue Zürcher Zeitung, 31. Januar 1939)

Nun ist es in der Geschichte nicht immer so, daß man eindeutig sagen kann, wer einen Krieg begonnen hat, aber bei dem Zweiten Weltkrieg gibt es keine Zweifel. Es ist leicht nachzuweisen und unter ernstzunehmenden Menschen auch völlig unbestritten, daß die Nazis diesen Krieg langfristig vorbereitet und dann ganz bewußt begonnen haben. Aber vor der Weltöffentlichkeit und wohl auch gegenüber der eigenen Bevölkerung steht man nicht so gern als Angreifer da. Zu dieser Untat wollten sich die Nazis anscheinend doch nicht bekennen. Also haben sie ihre Aggressivität auf »die« Juden oder »das« Judentum übertragen. Sie haben ihre eigenen Handlungsweisen »den« Juden zugeschrieben. Eine solche Erscheinung, daß man eigene Verhaltensweisen und auch eigene – vielleicht einem selbst unangenehme – Gedanken und Phantasien auf andere Menschen überträgt, eine solche Erscheinung ist ganz typisch für Vorurteile. Ja, diese Erscheinung macht sogar das Wesen eines Vorurteils aus. »Ein Urteil läßt sich widerlegen, aber ein Vorurteil nie.« Das hatte häufig Herr Levin, einer meiner Lehrer, zu uns gesagt, wenn wir über die Bilder sprachen, die sich andere von Juden machen. Diese Einsicht stammt, wenn ich mich richtig erinnere, von Marie von Ebner-Eschenbach.

Goebbels: »Die Juden wollten ihren Krieg, und sie haben ihn nun.«

Die historische Schuld des Weltjudentums am Ausbruch und an der Ausweitung dieses Krieges ist so hinreichend erwiesen, daß darüber keine Worte mehr zu verlieren sind. Die Juden wollten ihren Krieg, und sie haben ihn nun. Aber es bewahrheitet sich an ihnen auch die Prophezeiung, die der Führer am 30. Januar 1939 im Deutschen Reichstag aussprach, daß, wenn es dem internationalen Finanzjudentum gelingen sollte, die Völker noch einmal in einen Weltkrieg zu stürzen, das Ergebnis nicht die Bolschewisierung der Erde und damit der Sieg des Judentums sein werde, sondern die Vernichtung der jüdischen Rasse in Europa.
Wir erleben eben den Vollzug dieser Prophezeiung, und es erfüllt sich damit am Judentum ein Schicksal, das zwar hart, aber mehr als verdient ist. Mitleid oder gar Bedauern ist da gänzlich unangebracht. Das Weltjudentum hat in der Anzettelung dieses Krieges die ihm zur Verfügung stehenden Kräfte vollkommen falsch eingeschätzt, und es erleidet nun einen allmählichen Vernichtungsprozeß, den es uns zugedacht hatte und auch bedenkenlos an uns vollstrekken ließe, wenn es dazu die Macht besäße. Es geht jetzt nach seinem eigenen Gesetz »Auge um Auge, Zahn um Zahn!« zugrunde.

(Aus: Das Reich, 16. November 1941)

Daß das Judentum niemals wieder auch nur den geringsten Einfluß in unserem Volke erhält, dafür mußt Du durch Deine Haltung dem Juden gegenüber sorgen.
Erkenne den wahren Feind!
Wenn Du dieses Zeichen siehst…
Jude

Teil 2

Der sichtbare Schrecken

Der »Judenstern« – September 1941

Im Herbst 1941 erließen die Nazis ein Gesetz, das alle Schikanen und Demütigungen noch übertraf, die es bis dahin gegeben hatte. Es war der 1. September. Der Krieg dauerte schon zwei Jahre. Das war viel länger, als die Menschen vermutet hatten. Die Tatsache, daß dieses Gesetz in jenen Tagen verkündet wurde, zeigt deutlich die beabsichtigte Wirkung von antijüdischen Maßnahmen. Es sollte davon abgelenkt werden, daß der Krieg nun schon so lange dauerte. Das Gesetz besagte: Alle Juden ab dem Alter von 6 Jahren müssen einen sogenannten »Judenstern« tragen, und zwar vom 19. September 1941 an. Das war ein Freitag.

Polizeiverordnung über die Kennzeichnung der Juden (1. 9. 1941)

§ 1
Juden, die das sechste Lebensjahr vollendet haben, ist es verboten, sich in der Öffentlichkeit ohne einen Judenstern zu zeigen.
Der Judenstern besteht aus einem handtellergroßen, schwarz ausgezogenen Sechsstern aus gelbem Stoff mit der schwarzen Aufschrift »Jude«. Er ist sichtbar auf der linken Brustseite des Kleidungsstückes fest angenäht zu tragen.
§ 2
Juden ist es verboten
a) den Bereich ihrer Wohngemeinde zu verlassen, ohne eine schriftliche Erlaubnis der Ortspolizeibehörde bei sich zu führen.
b) Orden, Ehrenzeichen und sonstige Abzeichen zu tragen.
§ 4
Wer dem Verbot der §§ 1 und 2 vorsätzlich und fahrlässig zuwiderhandelt, wird mit Geldstrafe bis zu 150 RM oder mit Haft bis zu 6 Wochen bestraft.
Weitergehende polizeiliche Sicherungsmaßnahmen sowie Strafvorschriften, nach denen eine höhere Strafe verwirkt ist, bleiben unberührt.

(Reichsgesetzblatt Teil I, S. 547)

Ich erinnere mich noch genau an den Schultag vor diesem 19. September 1941. Ich ging zur Joseph-Lehmann-Schule in der Joachimsthaler Straße 13. Nicht einmal 100 Meter vom Kurfürstendamm entfernt. In dem alten Gebäude, das heute noch steht, gegenüber von C & A. Wir hatten an diesem

Tag in der letzten Stunde Deutschunterricht bei Herrn Levin. Schon lange gab es für uns jüdische Kinder keine deutschen Schulbücher mehr. Herr Levin hatte allerdings ein sehr gutes Gedächtnis. Er kannte viele Balladen und Gedichte auswendig. Die schrieb er dann an die Tafel. Und Geschichten konnte er sehr anschaulich nacherzählen. So habe ich in meiner Schulzeit doch noch viel über deutsche Dichtung erfahren.
An jenem Tag sprachen wir über das Gedicht »Herbsttag« von Rainer Maria Rilke. Herr Levin war anscheinend ein großer Verehrer von Rilke, denn wir hatten schon verschiedene seiner Gedichte gelernt. Bevor er uns das Gedicht »Herbsttag«, wie er es immer mit Gedichten machte, am Schluß der Stunde noch einmal vortrug, erinnerte er uns an das Gesetz, nach dem wir vom nächsten Tag an den »Judenstern« zu tragen hätten.
Als wir damals nach dem Unterricht nach Hause gingen, haben wir uns über den »Judenstern« unterhalten. Uns war nicht wohl zumute. Ich hatte es nicht weit nach Hause. Eine gute halbe Stunde Fußweg etwa. Wir durften übrigens den Kurfürstendamm nur kreuzen, nicht entlanggehen. Wer da wohnte, mußte eine Sondergenehmigung beantragen. Ganz in der Nähe unserer Wohnung war einer der Glaskästen, in denen der »Stürmer« ausgehängt wurde. Einige Leute standen davor, auch Herr Kalinski. Herr Kalinski war unser Hauswart, aber er war auch noch »Blockwart«. Diese Blockwarte und auch ihre Frauen waren schlimme Leute. Sie hatten die Aufgabe, zu beobachten, was in den Häusern »ihres« Wohnblocks passierte, wer zu Besuch kam, wer wie lange blieb und so weiter. Und wenn ihnen irgend etwas nicht in Ordnung zu sein schien, dann meldeten sie das der Polizei. Meistens suchte man Deserteure. Die Kalinskis hatten vier Söhne, die alle in der SA gewesen waren, damals – 1941 – aber schon als Soldaten kämpften. Frau Kalinski wurde »Heldenmutter«. Soweit ich mich erinnere, sind drei von ihren Söhnen gefallen. Die Kalinskis hatten mich oft als »Judenbengel« beschimpft. Eigentlich redeten sie mich nur so an.
Am Beispiel von Blockwart Kalinski und seiner Frau kann man gut erkennen, welche Bedeutung die Judenfeindschaft für viele Menschen hatte. Sie konnten sich nämlich leicht einbilden, etwas Besseres zu sein und mit Leuten auf einer Stufe zu stehen, die in Wirklichkeit eine ganz andere berufliche und gesellschaftliche Stellung hatten und die ihrerseits sicher auch nicht meinten, mit einem Blockwart etwas gemeinsam zu haben. Und bei dieser Einbildung war es auch im Grunde nicht möglich, sich zu irren. Denn die Propaganda der Nazis sagte es ihnen tagtäglich: »Ihr seid keine Juden! Ihr seid ganz großartig! Ihr seid Arier! Herrenmenschen!« Da konnte man natürlich nicht auf die Idee kommen, wie erbärmlich es ist, wenn das Selbstwertgefühl eines Menschen darauf beruht, zu einer Gruppe von Menschen zu gehören, die angeblich charakterlich besser sein soll als irgendeine andere Gruppe. Meistens ja eine Minderheit. Wenn diese Minderheit nicht die

Juden sind, dann müssen eben die Türken oder andere Ausländer dafür herhalten, wie man in unserer Zeit sieht.
Damals, vor dem Schaukasten mit dem »Stürmer«, sagte der Blockwart Kalinski so laut, daß ich es hören konnte, zu den Umherstehenden: »In meinem Block wohnt noch dieses jüdische Ungeziefer. Haben noch eine schöne Wohnung. Wenn man bedenkt, wie viele Volksgenossen schon ausgebombt sind.« Als ich das meiner Mutter erzählte, meinte sie, das bedeute nichts Gutes.
Am Abend kam meine Schwester aus dem Krankenhaus. Scheinbar beiläufig fragte sie mich beim Abendessen: »Sag mal, Hans, hast du nicht einen Lehrer, der ›Levin‹ heißt?« In dem Moment wußte ich es bereits, wir alle wußten es: Herr Levin hatte sich das Leben genommen. Denn meine Schwester arbeitete auf der Intensivstation. Herr Levin war nicht der einzige gewesen, für den es unerträglich war, den »Judenstern« zu tragen.
Alle Juden hatten sich die »Judensterne« kaufen müssen. Für zehn Pfennige. Ein Stern mit sechs Ecken. Diese Form soll der Schild des Königs David gehabt haben. Daher auch »Davidstern«. Ein Symbol, das die Juden in ihrer Religion auch selbst verwenden. Nun aber wurde es zum Zeichen der Diskriminierung, der Herabsetzung. Der »Judenstern« war so groß wie eine Kinderhand, hatte eine kräftige gelbe Farbe mit schwarzen Konturen. In der Mitte stand das Wort »Jude« in hebräisch aussehenden Buchstaben. Beim Kauf bei der Jüdischen Gemeinde mußte eine Empfangsbestätigung mit folgendem Text unterschrieben werden: »Ich verpflichte mich, das Kennzeichen sorgfältig und pfleglich zu behandeln und bei seinem Aufnähen auf das Kleidungsstück den über das Kennzeichen hinausragenden Stoffrand umzuschlagen.« Meine Mutter und meine Schwester nähten die Sterne auf unsere Überkleidung. Auf die linke Brustseite. Wer ohne »Judenstern« angetroffen wurde oder den »Judenstern« verdeckte, mußte mit dem Abtransport in ein Konzentrationslager rechnen, auch wenn in dem Gesetzestext weniger schwere Strafen angedroht wurden. Besonders merkwürdig war es für uns, daß unsere Mutter keinen »Judenstern« tragen mußte.
Bis spät in die Nacht hinein sprachen wir darüber, mit welchen Reaktionen von den anderen Leuten wir wohl zu rechnen hätten. Niemand sagte zu mir, daß ich früher ins Bett gehen sollte.
Eine angstvolle Erregung erfüllte uns alle am nächsten Morgen. Ich mußte nicht so früh aufstehen wie meine Schwester und mein Vater, aber an jenem Freitagmorgen konnte ich nicht länger im Bett bleiben, als ich die morgendlichen Geräusche hörte. Immer wieder schauten wir auf die Straße hinunter, und in der Morgendämmerung sahen wir die ersten Menschen mit dem Davidstern auf der Kleidung, den die Nazis »Judenfleck« nannten.
Meine Schwester und mein Vater gingen oft gemeinsam schon um 5 Uhr aus dem Haus. Zum S-Bahnhof Charlottenburg. Bei den vielen Luftangriffen

gab es beim Gleisbau, wo mein Vater zwangsarbeitete, immer mehr zu tun, um die Strecken befahrbar zu halten. Und meine Schwester – ich sagte das schon – arbeitete als Krankenschwester im Jüdischen Krankenhaus. Meine Mutter und ich sahen ihnen lange vom Fenster aus nach.

Dann wurde es Zeit, daß ich zur Schule ging. Meine Mutter hatte zur Arbeit normalerweise einen anderen Weg als ich zur Schule. Sie arbeitete in einer Wäscherei, sieben, acht Minuten von unserer Wohnung entfernt. Die Besitzer – Hilpert hießen sie – waren nette Leute. Sie erlaubten meiner Mutter zum Beispiel, ihre Mittagspause so zu legen, daß sie zu Hause sein konnte, wenn ich aus der Schule kam.

An diesem Morgen begleitete mich meine Mutter ein langes Stück. Wir hatten furchtbare Angst. Wie viele Menschen Juden waren! Manche kannte man schon lange vom Sehen, ohne daß man das überhaupt gewußt hätte. Damals, im Herbst 1941, lebten noch gut 70 000 Juden in Berlin. Als die Nazis 1933 an die Macht kamen, waren es etwa 160 000 gewesen. Meine Mutter trennte sich von mir, als wir die ersten Mädchen und Jungen aus mei-

ner Schule trafen. Sie hat sehr geweint. Alle meine Mitschülerinnen und Mitschüler hatten den Stern auf ihrer Kleidung. »Komisch sieht das aus«, sagte David Hildesheim zu mir, »auch meine Mutter trägt keinen Stern.«

»... daß es nicht weiter anginge, daß die Hauptstadt ... auch heute noch eine derartig hohe Zahl Juden beherberge.«

Am 20.3. [1941] fand im Propagandaministerium eine Besprechung bei Pg. Gutterer statt, an der Vertreter des Sicherheitshauptamtes und des Generalbaurats Speer teilnahmen. Pg. Gutterer teilte mit, daß Dr. Goebbels bei einer Unterhaltung an der Mittagstafel des Führers auf die in Berlin noch ansässigen 60 bis 70 000 Juden aufmerksam gemacht wurde. Man habe bei diesem Gespräch festgestellt, daß es nicht weiter anginge, daß die Hauptstadt des nat.-soz. Reiches auch heute noch eine derartig hohe Zahl Juden beherberge. Ein gewisser Teil der Juden pflege regen Verkehr mit ausländischen diplomatischen Kreisen in Berlin und vermiete Zimmer an ausländische Studenten, Journalisten, Diplomaten und hätte so Gelegenheit, staatsabträgliche Gerüchte zu verbreiten und stimmungsmäßig Schaden anzurichten. Der Führer habe bei diesem Gespräch zwar nicht selbst entschieden, daß Berlin sofort judenfrei gemacht werden müsse, aber Dr. Goebbels sei der Überzeugung, daß ein geeigneter Evakuierungsvorschlag sicher die Zustimmung des Führers finden werde. ...
Der Vertreter des Generalbaurats Speer gab bekannt, daß zur Zeit in Berlin 20 000 Wohnungen von Juden benützt werden. Diese Wohnungen benötige Speer als Reserve für Freimachungen bei evtl. größeren Fliegerschäden und später bei Freimachungen von Wohnungen, die bei der Neugestaltung Berlins abgerissen werden müssen.
In Berlin bestehe zur Zeit ein Mangel von 160 bis 180 000 Wohnungen.
Das Ergebnis der Aussprache war, daß Pg. Eichmann gebeten wurde, für Gauleiter Dr. Goebbels einen Vorschlag zur Evakuierung der Juden aus Berlin auszuarbeiten....

(Protokollauszug, in: H. G. Adler: Der verwaltete Mensch. Studien zur Deportation der Juden aus Deutschland. Tübingen 1974, S. 152/53)

Wir »Sternträger«

Die Einführung des »Judensterns« im September 1941 veränderte die Situation von uns Juden erheblich. Vorher hatten wir durch die zahllosen antijüdischen Bestimmungen in einem unsichtbaren Ghetto gelebt. Jetzt war nach außen sichtbar, wer Jüdin oder Jude war. Juden konnten aufgrund des Sterns leicht erkannt und kontrolliert werden.
Was die Reaktionen der Leute betraf, so haben sich unsere schlimmsten Erwartungen eigentlich nicht erfüllt. Ich wurde in all den Jahren, in denen ich den »Judenstern« getragen habe, nur ganz wenige Male angepöbelt. Die meisten Leute verhielten sich gegenüber uns »Sternträgern« äußerlich gleichgültig. Zwei junge Männer haben meine Mutter einmal mit »alte Judenhure!« beschimpft. Denn wenn wir gemeinsam über die Straße gingen, war meine Mutter die einzige, die keinen »Judenstern« trug. Das ist aber nur einmal passiert.
Dies sind natürlich nur meine Erfahrungen. Ich denke aber, daß es den meisten Juden so oder ähnlich ergangen ist. Selbstverständlich haben Juden auch gemeinere Reaktionen erlebt, vereinzelt auch freundlichere. Mir hat einmal eine Frau in der S-Bahn, als ich zur Zwangsarbeit fuhr, einen Apfel zugesteckt. Ein anderes Mal hat ein alter Arbeiter zu mir gesagt: »Na, Junge, für euch wird's auch noch mal bessere Zeiten geben.« Das war aber auch alles während der mehr als drei Jahre, in denen ich in Berlin mit dem »Judenstern« herumlief.
Es gab mit dem »Judenstern« aber auch praktische Probleme. Meine Schwester mußte als Krankenschwester ihren Kittel oder ihre Schürze am Tag mehrmals wechseln. Dann mußte sie den Stern jedesmal abtrennen und auf die neue Schürze nähen. Das war umständlich, aber notwendig, denn die Gestapo führte nicht allein auf den Straßen, sondern auch im Jüdischen Krankenhaus oft Überprüfungen durch. Später konnten wir großzügigerweise noch einen zweiten Stern kaufen.
Viele Juden hofften, der »Judenstern« sei die letzte antijüdische Schikane der Nazis. Später dachten auch viele, der Judentransport, der Berlin gerade verlassen hatte, sei nun der letzte. Immer wieder wurden Gründe gesucht und gefunden, die diese Erwartung bestätigen sollten. Solche Hoffnungen waren nur verständlich, denn die Juden sehnten sich danach, trotz all der Unterdrückungsmaßnahmen ihr Leben wieder einmal ruhiger einrichten zu können: Freundschaften knüpfen und erleben. Einem Hobby nachgehen. Junge Männer wollten junge Frauen kennenlernen. Und umgekehrt. Die Juden wollten endlich wieder die normalsten menschlichen Dinge tun. Daraus wurde nichts mehr.

Neues von der Gestapo und aus der »Gerüchteküche«

Anfang Oktober 1941 wurden viele Juden durch die Jüdische Gemeinde – dazu muß ich später noch etwas sagen – aufgefordert, Fragebögen auszufüllen, die den Eindruck erweckten, Wohnungen müßten geräumt werden. Meine Eltern erhielten einen solchen Bogen nicht, aber Juden in unserer Nachbarschaft und auch die Eltern einiger Mitschüler. Wir hatten damit schon gerechnet. Unser Hauswart Kalinski hatte so etwas ja schon angedeutet. Denn in Berlin gab es durch die Luftangriffe schon große Wohnungsnot, und gerade Nazi-Parteigenossen, die ausgebombt waren, empörten sich darüber, daß jüdische Familien noch in unzerstörten Wohnungen lebten.
Einige Tage nach der Fragebogenaktion erhielten dann die ersten Juden, zusammen mit der Kündigung ihrer Wohnung, den Nachweis von neuem Wohnraum. Meistens wurden sie als Untermieter in die Wohnungen von anderen Juden eingewiesen. Oder in sogenannte »Judenhäuser«. Umgezogen sind sie aber dann nicht mehr.
Am 17. Oktober 1941, an einem Freitag, kam meine Schwester sehr erregt von ihrer Arbeit am frühen Abend nach Hause. »Ich muß gleich wieder fort«, sagte sie schon im Hereinkommen, »die Gestapo hat dem Krankenhaus den Befehl erteilt, für die Levetzowstraße einen medizinischen Hilfsdienst abzustellen. Ich habe mich gemeldet.«
»Ein Hilfsdienst? Noch heute?« wunderte sich meine Mutter.
»Ja, noch heute.« Meine Schwester Lili aß eine Kleinigkeit und ging. Im strömenden Regen. Wir sahen ihr vom Fenster aus nach. »Nun geht es also schon los. Es ist doch erst einige Tage her, daß in der Levetzowstraße damit begonnen wurde, ein Lager einzurichten«, sprach meine Mutter vor sich hin.
Meine Schwester kam erst am nächsten Tag abends wieder. In den nächsten Monaten hat sie Grauenhaftes durchgemacht. Ich habe sie nie wieder lachen gesehen.
Das war zunächst auch eines dieser Gerüchte gewesen. Ihr glaubt nicht, was für eine Gerüchteküche Berlin in den Kriegsjahren war. In erster Linie betrafen Gerüchte natürlich den Kriegsverlauf. Sehnsüchtig warteten wir Juden – und nicht nur wir Juden – auf eine Wende des Krieges. Irgendwann mußten doch die militärischen Erfolge der Nazi-Wehrmacht ein Ende haben! Dann gab's Gerüchte über die Nazi-Führung. Über Rivalitäten, über Spannungen. Wer war nach Hitler gerade der mächtigste Mann? Wie waren Hitlers Gunst und Mißgunst gerade verteilt? Mit wem hatte Goebbels eine Liebschaft? Und besonders interessant: Wo gab es Widerstand gegen die Nazi-Herrschaft oder gegen Maßnahmen der Nazis?

Es war von vielen Zufällen abhängig, welche Gerüchte einen selbst erreichten. Ich habe zum Beispiel während des Krieges nie etwas über die Weiße Rose in München gehört. Nach dem Krieg haben mir Bekannte erzählt, daß sie schon im März 1943 in Berlin ein Flugblatt mit dem Text des Aufrufes gelesen hätten, den die Geschwister Scholl und die anderen verteilt hatten.
Für uns waren natürlich alle jene Gerüchte wichtig, die das Schicksal der Juden betrafen. Dazu muß ich später noch etwas sagen. Anfang Oktober jedenfalls – und das hatte meine Mutter gemeint – wurde darüber geredet, daß in der Synagoge in der Levetzowstraße ein Sammellager eingerichtet werden würde. Das bestätigte sich bald, denn viele Mitglieder der Jüdischen Gemeinde waren daran beteiligt, so daß schnell etwas durchsickerte.
In der Levetzowstraße stand eine große Synagoge, die in der Pogromnacht vom 9. zum 10. November 1938 nur teilweise zerstört worden war. Den großen Hauptsaal hatte die Jüdische Gemeinde seit den ersten Oktobertagen tatsächlich zu einem Sammellager umgestaltet. Das Gerücht von einer bevorstehenden Deportation der Juden aus Berlin wurde langsam zur Gewißheit. Damals sprach man verschleiernd von »Evakuierung«. Nur: Gerüchten mißtraut man allzu gern, wenn sie Unangenehmes für einen selbst bringen.

Die ersten Deportationen – Oktober/November 1941

Ihr ahnt es bereits: Das war keine Wohnungsräumaktion, die von der Gestapo eingeleitet worden war. Es war vielmehr ein Trick. Folgendes geschah: An diesem 17. Oktober 1941 klingelten bei Einbruch der Dunkelheit etwa zur gleichen Zeit bei Hunderten von »Gekündigten« zwei Beamte der Gestapo und forderten die Familien auf, sofort einige Sachen zusammenzupacken und ihnen zu folgen. An dieser Zahl kann man im übrigen erkennen, daß es sehr viele Gestapo-Leute gegeben hat, im ganzen Deutschen Reich insgesamt 50 000, allein in Berlin Tausende. Die Juden, die auf diese Weise abgeholt worden waren, wurden nun zum Lager in der Levetzowstraße gebracht. Was dann geschah, hat uns meine Schwester am Tag darauf erzählt.

»Eine Familie nach der anderen kam, auch mit Kleinkindern und Säuglingen. Alle in angstvoller Ungewißheit. Die Gestapo-Leute durchstöberten das Gepäck und nahmen völlig willkürlich Sachen heraus, die sie irgendwie begehrenswert fanden. Dann durften wir endlich die Menschen versorgen. Wenn man bedenkt, daß wir Helfer alle noch einige Stunden vorher von dem, was passieren würde, nichts gewußt haben, hat die Betreuung gut geklappt. Von den Erwachsenen hat in der Nacht kaum einer geschlafen. Die Abgeholten nicht und wir nicht. Wir haben für 1000 Menschen Proviantpakete gepackt.

Heute vormittag begann dann die ›Ausschleusung‹. So nannte das die Gestapo. Es regnete und regnete. Die SS hatte offene Lastwagen vorfahren lassen. Die waren aber nur für Schwache und Kinder. Alle anderen mußten laufen. Ein langer Zug durch die Stadt. Zum Bahnhof Grunewald.«

Diesen Menschenzug durch die Stadt hatten selbstverständlich viele Leute gesehen. Der Weg war vielleicht vier bis fünf Kilometer lang. Über den »jüdischen Mundfunk« hatte sich das schnell herumgesprochen. Auch später müssen viele Berliner diese Kolonnen von Juden, die durch die Straßen Berlins getrieben wurden, gesehen haben, auch wenn die »Ausschleusungen« dann meist nachts stattfanden.

Am Bahnhof Grunewald – da ist noch heute der S-Bahnhof – mußten die Juden Eisenbahnwagen besteigen. Bei den ersten Transporten waren es sogar alte Personenwagen. Bald danach nur noch Güter- oder sogar Viehwagen. Im Verkehrsmuseum hier in Berlin könnt ihr euch heute noch so einen Wagen ansehen. Die SS, teilweise mit Reitpeitschen, überwachte den Abtransport. Es waren auch hier wieder Helfer der Jüdischen Gemeinde da. An diesem 18. Oktober 1941 ging also der erste Judentransport mit etwa 1000 Menschen von Berlin ab. In den Osten. Nach Lietzmannstadt, wie gesagt wurde. Lietzmannstadt – das war der deutsche Name für Lodz.

Die Fortschaffung von rund 75 000 Juden aus Berlin ...

Die Fortschaffung von rund 75 000 Juden aus Berlin, von denen rund 20 000 an wichtigen Arbeitsplätzen – im Metallsektor allein über 10 000 – eingesetzt sind, greift auch in die Frage der Arbeiterersatzbeschaffung ein. Eine Ersatzgestellung in Gestalt von deutschen Arbeitskräften durch das Arbeitsamt ist ausgeschlossen. Bis zum 4. Dezember 1941 sollen weitere 15 000 Juden, und dann ab Februar 1942 der Rest evakuiert werden. Die in der Rüstungsindustrie arbeitenden Juden sollen nach Möglichkeit am Schluß der Evakuierungsmaßnahmen aus den Betrieben herausgenommen werden. Zu diesem Zweck hat das Arbeitsamt Berlin mit der Gestapo bestimmte Vereinbarungen getroffen.

(Aus: Lagebericht der Rüstungsinspektion III Berlin vom 15. November 1941)

In den folgenden Wochen ging es Schlag auf Schlag. Immer mehr jüdische Familien bekamen jetzt die direkte Aufforderung, sich in der Levetzowstraße, im Sammellager, einzufinden. »Zur Abwanderung«, wie es offiziell hieß. So zogen die Juden durch die Straßen Berlins, mit ihrem Gepäck, mit Rucksäcken und Koffern. Tausende. Unter ihnen Kinder und Säuglinge. Alte Männer, alte Frauen. Gebrechlich. Und Zehntausende, ja Hunderttausende von Berlinern haben diese Menschen gesehen.
Einige, aber immer mehr, folgten den Aufforderungen nicht. Wenn sie im Lager offenkundig nicht erschienen waren, machte die Gestapo kurzerhand Menschenjagd auf der Straße. Juden waren schließlich leicht zu erkennen. So viele Juden wurden einfach von der Straße weg gefangengenommen, wie andere nicht erschienen waren. Später wurden die zur Deportation bestimmten Juden auch direkt von ihren Wohnungen abgeholt. Nach dem ersten Transport am 18. Oktober 1941 fuhren bis Ende November wohl noch sechs weitere Deportationszüge in den Osten. Immer mit etwa 1000 Menschen. Meine Schwester war praktisch nur noch im Sammellager tätig. Sie trug als Helferin eine rote Armbinde. Im Dezember keine Deportationen. Und schon die hoffende Frage: Sollte das alles gewesen sein?

Was haben wir gewußt?

Ich denke, es ist notwendig, zwei Dinge zu klären. Einmal die Tatsache, daß bei diesen ersten Deportationen die Gestapo durch die Verwaltung der Jüdischen Gemeinde die Bögen für die angebliche Wohnungsaktion hatte ausfüllen lassen. Dem Anschein nach war die Jüdische Gemeinde nämlich bei den Deportationen in den folgenden Monaten in gewisser Weise ein Werkzeug der Gestapo. Die Opfer bekamen von der Jüdischen Gemeinde die Aufforderung zur Deportation, zur »Abwanderung«, wie es offiziell hieß. Hätten sich nicht die Vorstände der jüdischen Organisationen widersetzen sollen? Oder die vielen Helfer, zu denen auch meine Schwester gehörte? Das ist das eine Problem. Das andere: Warum haben sich so viele Juden einfach abtransportieren lassen? Haben die Juden denn nicht gewußt, was sie in den Konzentrationslagern erwarten würde?
Zunächst zu der ersten Frage. Man muß wissen, daß die Organisationen der Juden in Deutschland schon lange keine Einrichtungen mehr waren, die in irgendeiner Weise selbständig hätten handeln können. Es gab eine »Reichsvereinigung der Juden«, die in Berlin ihren Sitz hatte. Es gab die Jüdische Gemeinde, die bei den Nazis offiziell »Jüdische Kultusvereinigung zu Berlin« hieß. Beide Einrichtungen unterstanden aber direkt der Gestapo. Sie mußten alles, was sie unternehmen wollten, von der Gestapo genehmigen lassen. In den allermeisten Fällen waren sie jedoch nur Befehlsempfänger. So war es auch am höchsten jüdischen Feiertag, dem Jom Kippur, dem Versöhnungsfest, am 1. Oktober 1941 gewesen. Mitten aus dem morgendlichen Gottesdienst wurden die Vorstandsmitglieder der Gemeinde in die Berliner Leitstelle der Gestapo in die Burgstraße gerufen. Dort sagte ihnen ein Kriminalsekretär mit Namen Prüfer zunächst, daß sie und ihre Familien sofort in ein Konzentrationslager gebracht werden würden, wenn sie über das, was er mitzuteilen habe, mit anderen sprächen – mit Ausnahme der Vorstandsmitglieder der Reichsvereinigung. Dann teilte er mit, daß die »Umsiedlung« der Berliner Juden beginne und daß daran die Jüdische Kultusvereinigung mitwirken müsse. Wenn sich die Kultusvereinigung weigere, dann werde die Sache direkt von der SA und der SS durchgeführt werden. Dem fügte er dann noch wörtlich hinzu: »Man weiß ja, wie es dann werden würde.« Danach legte Prüfer unverblümt den Trick mit der Räumungsaktion dar. Außerdem solle in der Levetzowstraße ein Sammellager für etwa 1000 Menschen eingerichtet werden. Am Abend fand eine Beratung zwischen den Vorständen der Reichsvereinigung und der Gemeinde statt. Trotz erheblicher Bedenken rang man sich dazu durch, bei der sogenannten »Umsied-

lung« im Sinne der Gestapo mitzuwirken. Alle hofften, angesichts des Unvermeidlichen für die Betroffenen noch so viel Gutes wie nur möglich tun zu können.
Die Erfahrungen hatten gezeigt, daß die Gestapo Drohungen sofort wahrmachte. Als zum Beispiel im Oktober 1942 bei einem Abtransport 20 Juden nicht erschienen, nahm die Gestapo, wie sie es für diesen Fall angekündigt hatte, umgehend 20 Angestellte der jüdischen Organisationen gefangen, erschoß 8 sofort und ließ die anderen 12 gemeinsam mit den Familien von allen 20 in ein Vernichtungslager bringen – vermutlich nach Auschwitz. Wer sich einer Deportation entziehen wollte, indem er untertauchte, wußte also, daß das anderen Juden zum Verhängnis wurde.
Und nun zu der Frage: Haben die Juden denn nicht gewußt, welches Schicksal sie im Osten erwarten würde? Wußten sie denn nicht, daß der größte Teil eines jeden Transports – nämlich alle Kinder mit ihren Müttern, beinahe alle anderen Frauen und die Männer, soweit sie nicht arbeitsfähig erschienen – bei der Ankunft in Auschwitz sofort ins Gas getrieben wurden? Später kamen die Transporte aus Berlin nämlich direkt nach Auschwitz. Und wußten sie denn nicht, daß auch die Arbeit sie nach einigen Wochen vernichten würde, ja, umbringen sollte? Denn in den Lagern kamen doch aus ganz Europa tagtäglich neue Transporte an. Mit neuen Arbeitskräften. Den Nazis war es doch vollkommen egal, wenn Tausende, Zehntausende an Erschöpfung und Unterernährung starben.
Dazu will ich euch eine Begebenheit erzählen, die in meiner Erinnerung haften geblieben ist. Es war im Sommer 1943. Es hatte bereits die fürchterlichsten Transporte von Berlin aus gegeben. Beinahe alle Juden Berlins waren deportiert worden. Und es gab viele Gerüchte, die der Wahrheit durchaus entsprachen. Damals, im Sommer 1943, hörten wir bei sehr guten Bekannten meiner Eltern heimlich Radio. Die deutschsprachigen Informationen der BBC. Die haben fast alle gehört. Heimlich. Man versteckte sich mit dem Radio unter Decken und Tüchern, damit kein Nachbar auch nur eine Kleinigkeit hören konnte. Eine Nachricht über Auschwitz! Die Juden würden dort planvoll umgebracht, vergast. Ich sehe noch das Bild vor mir, wie mein Vater die Decken von seinem Kopf wegnimmt und die eben gehörte Ungeheuerlichkeit mit den Worten kommentiert: »Eine dümmere Greuelpropaganda hätten sich die Engländer nun wirklich nicht ausdenken können.«
Warum hat er dieser Nachricht oder anderen entsprechenden Gerüchten nicht geglaubt? Er gehörte zu den vielen Juden, für die es unvorstellbar war, daß im 20. Jahrhundert eine deutsche Regierung, so diktatorisch sie auch sein mochte, einen geplanten Massenmord an unschuldigen und wehrlosen Menschen durchführen könnte. So tief, dachten eben viele, konnte Deutschland, das sich immer seiner Dichter und Denker, seiner Kultur, rühmte, nicht

Ihre Abwanderung ist ... behördlich angeordnet worden.

Jüdische Kultusvereinigung *Berlin N 4, den 29. Mai 1942*
zu Berlin e. V.

Herrn
Frau ....
Fräulein
Transport-Nr.
Betr.: Abwanderung

Ihre Abwanderung ist für Dienstag, den 2. Juni 1942 behördlich angeordnet worden. Diese Anordnung gilt für Sie, Ihre Ehefrau und Ihre unverheirateten Familienangehörigen, soweit sie zur Abgabe der Vermögenserklärung aufgefordert worden sind. Sofern Sie inzwischen einen schriftlichen Zurückstellungsbescheid erhalten haben, ist diese Mitteilung mit allen Angaben der Jüdischen Kultusvereinigung zu Berlin e. V., Berlin N 4, Oranienburger Straße 31, zurückzusenden.
Am Sonntag, dem 31. Mai 1942, können Sie Ihr Reisegepäck in der Zeit von 9 bis 13 Uhr in der Sammelunterkunft Levetzowstraße 7/8 abliefern. Am Montag, dem 1. Juni 1942, ab 6 Uhr morgens, wird Ihre Wohnung durch einen Beamten versiegelt werden. Sie müssen sich zu diesem Zeitpunkt bereithalten. Wohnungs- und Zimmerschlüssel sind dem Beamten auszuhändigen.
Für die Verpflegung in der Sammelunterkunft und während der Bahnfahrt wird von uns gesorgt werden. Jedoch sollen die im Haushalt befindlichen Lebensmittel, insbesondere auch Abendbrotstullen, im Handgepäck mitgebracht werden.
In der Sammelunterkunft und während der Bahnfahrt stehen Krankenbehandler und Pflegepersonen zur Verfügung. Eine Verabreichung etwa erforderlicher Medikamente findet ausschließlich durch das Sanitätspersonal statt.
In der Anlage ist ein Merkblatt beigefügt, das alle zu beachtenden Anweisungen enthält. Wir bitten Sie herzlich, diese Anweisungen genauestens zu befolgen und die Transportvorbereitungen in Ruhe und Besonnenheit zu treffen.
Unsere von der Abwanderung betroffenen Mitglieder müssen sich bewußt sein, daß sie durch ihr persönliches Verhalten und die ordnungsgemäße Erfüllung aller Anweisungen entscheidend zur reibungslosen Abwicklung des Transportes beitragen können. Es ist selbstverständlich, daß wir, soweit dies zugelassen ist, alles tun werden, um unseren Gemeindemitgliedern beizustehen und ihnen jede mögliche Hilfe zu leisten.
Jüdische Kultusvereinigung zu Berlin e. V.

Der Vorstand

(Aus I. Rewald: Berliner, die uns halfen, die Hitlerdiktatur zu überleben. Hrsg. von der Gedenkstätte Deutscher Widerstand. Berlin: 4. Auflage, 1985, S. 21)

gesunken sein. Auch wenn man die Moral der Nazis richtig einschätzte, so nahmen die meisten Juden doch zumindest an, daß sie zweckmäßig dachten und sich von Nützlichkeitserwägungen leiten ließen. Würden die Nazis denn so dumm sein und Arbeitskräfte, die sie dringend brauchten, einfach umbringen? Millionen von deutschen Männern waren im Kriegseinsatz. Millionen von Frauen waren in der Heimat arbeitsmäßig völlig überlastet. Aus den besetzten Ländern holte man Millionen von Zwangsarbeitern und Zwangsarbeiterinnen. Und die Juden, die deutschen Juden zumal, würde man systematisch umbringen? Zudem waren viele Juden noch Frontkämpfer im Ersten Weltkrieg gewesen. Mit Orden und Auszeichnungen.
Wer so dachte, für den waren die Nachrichten oder Gerüchte über den Massenmord an Juden eben antinazistische Propaganda oder im schlechtesten Fall das Übertreiben von vereinzelten Entgleisungen von SS-Männern, der Waffen-SS. So erinnere ich mich zum Beispiel an eine Sache, die 1942 – ich weiß nicht mehr, wann genau – passierte. Meine Mutter hatte sich an einem Sonntag mit ihrer Schwester Luise getroffen, in irgendeinem Café in einer Nebenstraße des Kurfürstendamms. Sie kam sehr ernst nach Hause. Luise habe ihr erzählt, was ihr ein Bekannter berichtet habe. Dieser Bekannte hatte in einem Restaurant in der Nähe von zwei SS-Offizieren gesessen. Wie aus der Unterhaltung der beiden zu hören war, kam einer aus dem Osten, aus der Sowjetunion. Sie feierten ein Wiedersehen, erzählten und bestellten eine Flasche Wein nach der anderen. Plötzlich wurde einer der beiden ernster. Der Bekannte meiner Tante hörte ihn sagen: »Ach, so einfach und schön ist die Aufgabe dort nun auch wieder nicht, wie man sich das so vorstellt. Am Anfang macht es ja noch Spaß. Wenn man aber dauernd den Finger am Abzug der Knarre hat, dann bleibt die Sache nicht ohne Wirkung aufs eigene Gemüt. Na ja, wenn man da noch so 'n alten Juden vor sich hat, dann sagt man sich schon: na Gott, vielleicht hilft man ihm aus der Misere, und drückt ab. Aber wenn da noch ein paar Kinder dabei sind, dann ist die Sache schon etwas anders und nicht ohne Einfluß auf einen Menschen.«
Womit beruhigte man sich nun, wenn man so etwas hörte? Vielleicht damit, daß der SS-Offizier betrunken war und sich wichtig machen wollte ... oder damit, daß der Bekannte der Tante etwas hinzuerfunden hatte.
Wer die Nazis allerdings des Massenmordes an den Juden für fähig hielt, wer ihre öffentlichen Erklärungen nicht als verbalen Radikalismus ansah, sondern sie einfach wörtlich nahm, für den waren die Gerüchte und Nachrichten dann Mosaiksteinchen von einem grauenhaften Gesamtbild. Hunderte von Juden haben sich vergiftet, wenn sie die Aufforderung zur Deportation erhielten.
In diesem Zusammenhang will ich noch eine Geschichte erzählen. Während des Jahres 1943 verdichteten sich die Gerüchte über einen Massenmord an den Juden. Einige Juden in Berlin hatten sogar, wie ich aber erst später

erfuhr, eine Nachricht direkt aus Auschwitz erhalten. Sie gehörten einer ehemaligen jüdischen Jugendgruppe an. Eine junge Frau dieser Gruppe – Tamara Berger – war nach Auschwitz deportiert worden und auch ganz bewußt nicht untergetaucht, obwohl ihr das möglich gewesen wäre. Ihr Leben hat sie übrigens dem Umstand zu verdanken, daß sie sehr gut Flöte spielte. So wurden sie und noch eine andere Frau des Transports Mitglied des Lagerorchesters von Auschwitz, einem Frauenorchester. Allein das ist eine fürchterliche Geschichte. Es gibt ein Buch und einen Film darüber.
Tamara Berger gelang es, einen Wachsoldaten zu bewegen, einen Brief von ihr nach Berlin mitzunehmen. Der Soldat riskierte sein Leben. Während eines Urlaubs gab er den Brief auch tatsächlich bei der Post auf. Es gibt einige Bücher, in denen der Text wiedergegeben ist. Sie schrieb unter anderem:
»Ihr braucht euch nicht viel Sorge um mich zu machen. Wir sind hier zu zweit und haben unsere Arbeit. Wie gut ist es, daß ich das Flötenspiel gelernt habe, denn das hat mich gerettet. Wir arbeiten in der Küche. Das Leben und die Arbeit wären ganz erträglich, wenn nicht in der Nähe der Kamin wäre. Täglich kommen Hunderte hinein. Wir verlieren nicht die Hoffnung auf ein Wiedersehen.«
Der Brief hatte den Nachsatz: »Viele von uns sind schon bei Alfred.«
»Kamin« – mit diesem Wort waren die Verbrennungsöfen gemeint. Und »Alfred« – das war der Hinweis auf Alfred Selbiger, einem beliebten jüdischen Jugendleiter, der im November 1942 von der Gestapo erschossen worden war.
Für den Kreis jener, die Tamara Berger kannten, brachte dieser Brief eine entsetzliche Gewißheit. Aber um wieviele Ecken konnte diese Nachricht weitererzählt werden, ohne daß sie an Glaubwürdigkeit verlor?
Die meisten Juden jedenfalls dachten lange Zeit, die Transporte in den Osten gingen in Arbeitslager. Und arbeitsscheu zu sein, das wollte sich kein Jude nachsagen lassen. Es kam hinzu, daß auch die Juden auf die Nazi-Propaganda hereinfielen. Denn ein einziges Konzentrationslager kannte jeder Jude, jede Jüdin mit Namen: Theresienstadt. Nördlich von Prag am Fluß Eger gelegen. Die Nazis betrieben eine große Propaganda um dieses Lager. Sie ließen einen Film drehen: »Der Führer schenkt den Juden eine Stadt.« Da wurde ein erträglich scheinendes Leben für die Juden gezeigt. Alle Szenen waren allerdings gestellt worden. Das Konzentrationslager Theresienstadt war, wie der Name sagt, tatsächlich eine Stadt, eine im ausgehenden 18. Jahrhundert angelegte Festungsanlage. Bis zum Zweiten Weltkrieg lebten in Theresienstadt einige tausend Einwohner. Teile der Festung hatten schon immer als Gefängnis gedient. Im November 1941 wurde die ganze Stadt in ein Konzentrationslager umgewandelt. Die Nazis verwendeten den Begriff »KZ« allerdings nicht. Sie sprachen von einem »Altersghetto«. Es

Aus dem Theresienstadt-Film »Der Führer schenkt den Juden eine Stadt«

wurde der Eindruck erweckt, als könnten in Theresienstadt alte Juden ihren Lebensabend verbringen.

Für die meisten Juden war Theresienstadt tatsächlich nur ein Durchgangslager. Wer dort hinkam, wurde in der Regel nach einigen Wochen oder Monaten in ein anderes Lager transportiert. Nach Auschwitz. Nach Majdanek. Nach Treblinka. In Vernichtungslager also. Über 80 000 Menschen wurden auf diese Weise umgebracht. Im Lager selbst starben wegen der fürchterlichen Verhältnisse und infolge von Hunger und Epidemien über 30 000 Menschen. Nach Theresienstadt kamen auch einige tausend Juden, die aus unterschiedlichen Gründen – zum Beispiel, weil sie prominent waren – zumindest vorerst nicht ermordet werden sollten.

Das alles wußten die Juden damals nicht. Die Propaganda der Nazis hatte durchaus gewirkt. Nach Theresienstadt zu kommen, das war für viele so etwas wie ein Traum. Man sprach von einem »Vorzugslager«. Niemand hatte zwar eine Vorstellung davon, was einen dort erwarten würde, aber es gab auch in dieser Hinsicht die tollsten Gerüchte. Ich erinnere mich da an eine Geschichte. Ein Ehepaar, das in unsere Wohnung zwangseingewiesen worden war, hatte die Aufforderung zur Deportation bekommen. Nach Theresienstadt. Die Frau erzählte meiner Mutter, sie würde ein etwas festlicheres Kleid mitnehmen, weil es in Theresienstadt ein Café geben würde, in dem an Wochenenden Tanzveranstaltungen stattfänden. Aus Theresienstadt kamen sogar vereinzelte Nachrichten nach Berlin. Zensierte Karten. Mit einem Satz: »Mir geht es gut.« Oder so ähnlich. Dann die Unterschrift. Die Angehörigen haben solchen Lebenszeichen natürlich große Bedeutung beigemessen.

Überlebende haben erzählt, daß jeder, der in Theresienstadt ankam, völlig schockiert war. Man muß sich nur vorstellen, daß in der Stadt einmal 7000 Menschen gelebt hatten und die Gebäude nun mit 50 000 Juden vollgestopft wurden.

Das Ende meiner Schulzeit

In den letzten Tagen des November 1941 veränderte sich auch mein Leben vollständig. Da wurde nämlich meine Schule geschlossen. Nicht alle jüdischen Schulen. Das war erst im Juni 1942. Nein, nur meine: die Joseph-Lehmann-Schule. Warum gerade die? Das weiß ich nicht. Vielleicht brauchten die Nazis das Gebäude mit seinen großen Räumen. Vielleicht störte es auch jemanden, daß im Zentrum des Berliner Westens so viele jüdische Kinder herumliefen. Und meine Schule wurde auch nicht so geschlossen wie die jüdischen Schulen 1942. Da bekamen die Eltern ein Schreiben von der jüdischen Schulleitung, in dem stand, daß man gezwungen sei, die Unterrichtstätigkeit einzustellen und so weiter. Nein, meine Schule wurde regelrecht gestürmt. Von SS und Gestapo. Wir Kinder hatten große Angst. Unsere Lehrer sicher auch, denke ich. Die versuchten uns allerdings zu beruhigen. Die Bibliothek mit der jüdischen Literatur wurde aus dem Fenster auf die Straße geworfen, zusammengekehrt und mit einem Lastwagen davongefahren. Wahrscheinlich zur Papierverwertung. Wer weiß, was auf dem Papier später geschrieben wurde...

Die Lehrer und wir Kinder – die kleineren weinten – mußten sich in der Turnhalle im Hinterhof versammeln. Wir hatten eine wunderschöne Turnhalle! Die Decke und die Wände waren verziert. Noch heute kann man sie besichtigen, denn das Gebäude hat den Krieg überstanden. Jetzt ist dort eine Synagoge. Der Wand- und Deckenschmuck ist noch erhalten.

In der Turnhalle warteten wir und warteten. Dann kamen Gestapo-Männer in Zivil und mit einer Kartei. Ich bekam schnell mit, daß wir Kinder auf andere jüdische Schulen verteilt wurden. »Wir« – das ist nicht ganz richtig. Ich nämlich nicht. Auf meiner Karteikarte stand selbstverständlich auch mein Geburtsdatum: 3. Dezember 1927! Ich wurde wenige Tage später 14 Jahre alt. Also: Zwangsarbeitspflichtig! »Na, dann wollen wir dich mal zum ›Amt für Judenarbeiter‹ schicken«, grinste der Gestapo-Mann. Er schenkte mir auch keinen einzigen Tag. Am 3. Dezember 1941, an meinem Geburtstag also, mußte ich zum Arbeitsamt. Zwangsarbeit bei der Deutschen Waffen- und Munitionsfabrik! »Das ist ja entsetzlich«, sagte meine Mutter weinend. »Die Luftangriffe zielen doch auf die Rüstungsbetriebe.« Damals war das noch der Fall. Später wurden bei Luftangriffen fast ausschließlich Wohngebiete bombardiert.

Mit 14 Jahren Zwangsarbeiter

Am folgenden Montag fuhr ich mit der S-Bahn zur Deutschen Waffen- und Munitionsfabrik am Eichborndamm. Meine Mutter begleitete mich. Auf dem Bahnsteig standen viele Menschen, und ich war bei weitem nicht der einzige »Sternträger«. Die Treppen hinunter, und da waren auch schon die Fabrikhallen zu sehen. Überall bewaffnete Wachen. Meine Mutter mußte beim Pförtner zurückbleiben. »Ihr Sohn wird schon nicht gefressen werden«, meinte der mit einem Blick zu mir. Das waren die letzten halbwegs freundlichen Worte, die ich in der Fabrik gehört habe.
In einem Büro wurde ich registriert, dann darüber aufgeklärt, daß bereits jeder Versuch von Sabotage oder nachlässiger Arbeit mit dem Tode bestraft werden würde, und schließlich einem uniformierten Wachmann übergeben. »Vorwärts, Judenbengel!« Ich mußte an Kalinski denken. Plötzlich ein Tritt und noch ein Tritt. Ich stolperte. Fiel. »Hier gibt's keine Ruhepause, Jude!« Schnell stand ich auf. Brach in Tränen aus. Schluchzend lief ich durch die Gänge. »Vorwärts, du Jammerlappen!« Ich hatte nur noch einen Gedanken: Nur nicht treten! Bitte nicht treten! Über den Hof in ein anderes Gebäude. Endlich lieferte mich der Wachmann bei einem Mann im grauen Kittel ab. Wir betraten eine Fabrikhalle. Ätzende, beißende Luft. Staubdunst. Hämmern, Dröhnen, Rasseln, Scheppern. Wo ich auch hinsah: »Judensterne«. Frauen und Männer. Alte und Junge. In den Gesichtern kaum Regungen. Wenige Arbeiter ohne »Judenstern«. Und Wachmänner, viele Wachmänner. Die nächste Station: ein Vorarbeiter. Kein Jude. Der brüllte mich nur an. Ich mußte an einer Stanze arbeiten. Aus Blechstreifen kleine Teile herausstanzen, die für die Munitionsherstellung gebraucht wurden. Die Vorarbeiter – die »Arier« – wechselten stündlich und verließen die Halle. Auch die Wachen. Sie bekamen Milch. Zum Entgiften. Wir Juden mußten zwölf Stunden in dieser Halle aushalten. Ohne Pause. Essen und Trinken während des Arbeitens. Wehe, wenn es nicht schnell genug ging! Völlig willkürlich gab es Schläge und Tritte. Am schlimmsten war es, wenn man zum Klo mußte. Das ließ sich in zwölf Stunden nicht vermeiden. Ich mußte einen Wachmann rufen, der mich zum Toilettenraum führte und vor dem Klo stehenblieb. »Beeilung, Judenbengel! Willst dich hier wohl auspennen, was!« – und während man machte und sich beeilte, die Angst vor Schlägen. Die bekam man nämlich beinahe immer, wenn man die Klotür öffnete. Es war ein furchtbares Gefühl, ständig von den Launen dieser brutalen Menschen abhängig zu sein.

Ohne solche Menschen als Gehilfen hätten die Nazis ihre Schreckensherrschaft vermutlich gar nicht aufbauen können. Das waren Menschen, die Lust daran empfanden, andere Menschen zu quälen und – aus ihrer Sicht – zu erniedrigen. Sie spüren zu lassen, welche Macht ihnen über sie gegeben war. Bei den Nazis boten sich viele Möglichkeiten, diese Lust ausleben zu können. Völlig ungestraft. Denn der Nazi-Staat brauchte Tausende und Abertausende von Aufpassern, Wächtern und Verfolgern. In den Fabriken waren die Juden lediglich ein kleiner Teil der Zwangsarbeiter. Millionen von Menschen aus den Ländern, die von Hitler-Deutschland während des Krieges zunächst besetzt worden waren, mußten auch für die Nazis arbeiten. Dann in den Konzentrationslagern mit ihrem zehntausendfachen Wachpersonal. Bei der Gestapo und der SS trafen sich solche sadistischen Menschen.
Diese Wächter und Verfolger – es waren auch Frauen darunter – spürten bald, welche wichtige Rolle sie in der Nazi-Ordnung spielten. Sie konnten noch so brutal sein, noch so grausam und willkürlich handeln – es gab niemanden, der sie zur Rechenschaft gezogen hätte. Im Gegenteil: Die Nazi-Lehre bestärkte und förderte solche Neigungen. Sie behauptete, die Gewalt habe im Kampf zwischen den Rassen und Völkern die Bedeutung von einem Naturgesetz. Da konnte man dann seinem Hang, anderen Menschen Grausamkeiten zuzufügen, freien Lauf lassen. Brutal zu sein, roh, gefühllos – das war bei den Nazis eine besondere Tugend. »Härte« nannten sie das.
Die anderen jüdischen Zwangsarbeiter und Zwangsarbeiterinnen habe ich erst allmählich kennengelernt. Auch nicht alle. Denn es waren mehrere hundert. Während der Arbeit durften wir nicht miteinander reden. Morgens und abends habe ich mit einigen in der Bahn gesprochen. Die meisten hatten vor und nach der Arbeit noch viel zu tun. Angehörige versorgen. Kleine Kinder. Gebrechliche Eltern. Wir redeten im Grunde nur über zwei Themen: Durchhalten und die Deportationen. Je mehr Monate vergingen, um so häufiger war zu hören, daß Verwandte, Freunde oder Bekannte deportiert worden waren.

Hitler: Grausamkeit imponiert …

Grausamkeit imponiert, die Leute brauchen den heilsamen Schrecken. Sie wollen sich vor etwas fürchten. Sie wollen, daß man ihnen bange macht und daß sie sich jemandem schauernd unterwerfen … Die Masse will das. Sie braucht etwas zum Grauen.

(Aus: H. Rauschning: Gespräche mit Hitler. Zürich, Wien, New York 1940, S. 81)

Himmler: … das hat uns hart gemacht.

Aus einer Geheimrede vor SS-Offizieren:

Ich will hier vor Ihnen in aller Offenheit auch ein ganz schweres Kapitel erwähnen. Unter uns soll es einmal ganz offen ausgesprochen sein, und trotzdem werden wir in der Öffentlichkeit nie darüber reden … Ich meine jetzt die Judenevakuierung, die Ausrottung des jüdischen Volkes. Es gehört zu den Dingen, die man leicht ausspricht – »Das jüdische Volk wird ausgerottet«, sagt ein jeder Parteigenosse, »ganz klar, steht in unserem Programm, Ausschaltung der Juden, Ausrottung, machen wir.« Und dann kommen sie alle an, die braven 80 Millionen Deutschen, und jeder hat seinen anständigen Juden. Es ist ja klar, die anderen sind Schweine, aber dieser eine ist ein prima Jude. Von allen, die so reden, hat keiner zugesehen, keiner hat es durchgestanden. Von Euch werden die meisten wissen, was es heißt, wenn 100 Leichen beisammen liegen, wenn 500 daliegen oder wenn 1000 daliegen. Dies durchgehalten zu haben, und dabei – abgesehen von Ausnahmen menschlicher Schwächen – anständig geblieben zu sein, das hat uns hart gemacht. Dies ist ein niemals geschriebenes und niemals zu schreibendes Ruhmesblatt unserer Geschichte …

(Quelle: Internationales Militärtribunal in Nürnberg. Band XXIX, S. 145)

Die »Wannsee-Konferenz« – Januar 1942

Das Jahr 1942 begann mit einem bitterkalten Januar. Tag für Tag fuhr ich zur Deutschen Waffen- und Munitionsfabrik. 12 Stunden Tagschicht, 12 Stunden Nachtschicht. Hatte ich Tagschicht, sah ich eine Woche lang kein Tageslicht. Wenn ich am frühen Morgen zur Arbeit fuhr, war es noch stockdunkel. Kam ich abends nach Hause, war längst die winterliche Dämmerung des Nachmittags vorüber, und die Straßen – auch die Hauptstraßen – lagen in fahlem Licht. Die Schikanen, der Lärm, die Gase, der Staub – sie wurden allmählich zur qualvollen Gewohnheit. Gesichtsfarbe hatte ich keine mehr. Ich wurde immer magerer. Aber ich mußte durchhalten. Hätten mich meine Eltern versteckt und sich über meinen Verbleib unwissend gestellt – darüber haben sie gesprochen –, so wäre mit Sicherheit die ganze Familie deportiert worden. Dann machten meine Eltern einen verzweifelten Versuch. Meine Mutter hatte die Idee.
Die Umstände der Arbeit, die ich zu machen hatte, verstießen eindeutig gegen das Jugendarbeitsschutz-Gesetz. Ich war doch gerade erst 14 Jahre alt geworden. Meine Mutter ging daher zu einem Rechtsanwalt. Der durfte sich als Jude zwar nicht mehr so nennen, aber immerhin durfte er noch eine Klage vor Gericht einreichen. Das tat er dann auch, und tatsächlich wurde die Klage gegen die Deutsche Waffen- und Munitionsfabrik von dem zuständigen Gericht angenommen. Nach Wochen fand sogar eine Verhandlung statt. Das Urteil: Für Juden oder Mischlinge würde die Arbeitsschutzgesetzgebung nicht gelten.
An ein Geschehen in jenem Januar 1942 erinnere ich mich noch ganz genau. Es war an einem Sonntag. Meine Schwester erzählte. In der ungewöhnlichen Kälte war wieder ein Transport vom Bahnhof Grunewald abgegangen. Die Menschen in Güterwagen. Zum Teil sogar in offenen Güterwagen. Ohne jede Möglichkeit, sich zu erwärmen. Blindwütig hatten SS-Leute mit ihren Peitschen auf die Menschen eingeschlagen. Die Helfer der Jüdischen Gemeinde hatten alle Hände voll zu tun, noch einige warme Getränke oder Decken zu verteilen. Zwei von ihnen sind Tage später an Erfrierungen gestorben.
Aber was war mit den Menschen, die abtransportiert wurden? Wie lange kann man bei minus 10 oder 15 Grad in solchen Güterwagen überleben? Alle müssen schon nach wenigen Stunden erfroren sein.
Dann gab es einen Tag in jenem Januar 1942, der das Schicksal der Juden in Europa entscheidend bestimmt hat. Allerdings hatte niemand von uns die

geringste Ahnung von diesem Ereignis, das sich in Berlin zutrug. In der großen Villa an der Straße Am Großen Wannsee 56/58. Am 20. Januar 1942 trafen sich dort unter der Leitung des Chefs der Sicherheitspolizei und des Sicherheitsdienstes, des SS-Obergruppenführers Reinhard Heydrich, führende Männer der Gestapo, der SS – unter ihnen auch Adolf Eichmann – und aus verschiedenen Ministerien zu einer Besprechung über die »Endlösung der Judenfrage«. Das bedeutet im Klartext: Es wurde darüber gesprochen, daß die noch in Europa lebenden Juden ermordet werden sollten. Wie wir heute aufgrund des Protokolls dieser Sitzung, des sogenannten »Wannsee-Protokolls«, wissen, dachten die Nazis tatsächlich daran, alle in Europa lebenden Juden zu töten. Also auch die Juden in Ländern, die zu jenem Zeitpunkt von den Nazis nicht einmal besetzt waren, wie etwa die Schweiz oder Schweden. Die Nazis gingen wirklich davon aus, sie würden einmal ganz Europa beherrschen.

Das Protokoll war aber auch gerade für meine Familie, für die Mischehen mit jüdischen Kindern wichtig. Da wurden zwar Vorschläge gemacht, wie man diese Gruppe behandeln sollte: Man könnte die Ehen zwangsweise scheiden und dann den jüdischen Teil deportieren. Die »Mischlinge« könnte man zwangssterilisieren, damit sie ihre niedrigen rassischen Erbanlagen nicht weitergeben könnten. Von der doch eigentlich guten »arischen« Hälfte schienen die Nazis nicht so viel zu halten. Über all dies wurde aber letztlich nicht entschieden. Die Frage nach dem Schicksal der Mischehen und deren Kindern, der »Geltungsjuden«, wie es hieß, blieb ungeklärt, ebenso wie die der »privilegierten Mischlinge«.

Bis vor kurzem ist in jener Villa, in der die »Endlösung« organisiert wurde, ein Schullandheim für die Schüler aus Berlin-Neukölln gewesen. Jetzt soll dort endlich eine Gedenkstätte eingerichtet werden.*

* Dies ist mittlerweile geschehen. – G. J.

167

- 2 -

SS-Gruppenführer Hofmann	Rasse- und Siedlungshauptamt
SS-Gruppenführer Müller SS-Obersturmbannführer Eichmann	Reichssicherheitshauptamt
SS-Oberführer Dr. Schöngarth Befehlshaber der Sicherheitspolizei und des SD im Generalgouvernement	Sicherheitspolizei und SD
SS-Sturmbannführer Dr. Lange Kommandeur der Sicherheitspolizei und des SD für den Generalbezirk Lettland, als Vertreter des Befehlshabers der Sicherheitspolizei und des SD für das Reichskommissariat Ostland.	Sicherheitspolizei und SD

II. Chef der Sicherheitspolizei und des SD, SS-Obergruppenführer H e y d r i c h , teilte eingangs seine Bestellung zum Beauftragten für die Vorbereitung der Endlösung der europäischen Judenfrage durch den Reichsmarschall mit und wies darauf hin, daß zu dieser Besprechung geladen wurde, um Klarheit in grundsätzlichen Fragen zu schaffen. Der Wunsch des Reichsmarschalls, ihm einen Entwurf über die organisatorischen, sachlichen und materiellen Belange im Hinblick auf die Endlösung der europäischen Judenfrage zu übersenden, erfordert die vorherige gemeinsame Behandlung aller an diesen Fragen unmittelbar beteiligten Zentralinstanzen im Hinblick auf die Parallelisierung der Linienführung.

K210401 372025

Aus dem Protokoll der Wannsee-Konferenz vom 20. Januar 1942

Wannsee-Konferenz: Endlösung

»Inzwischen hat der Reichsführer-SS und Chef der Deutschen Polizei im Hinblick auf die Gefahren einer Auswanderung im Kriege und im Hinblick auf die Möglichkeiten des Ostens die Auswanderung von Juden verboten.
Anstelle der Auswanderung ist nunmehr als weitere Lösungsmöglichkeit nach entsprechender vorheriger Genehmigung durch den Führer die Evakuierung der Juden nach dem Osten getreten.
Diese Aktionen sind jedoch lediglich als Ausweichmöglichkeiten anzusprechen, doch werden hier bereits jene praktischen Erfahrungen gesammelt, die im Hinblick auf die kommende Endlösung der Judenfrage von wichtiger Bedeutung sind.
Im Zuge dieser Endlösung der europäischen Judenfrage kommen rund 11 Millionen Juden in Betracht...
Unter entsprechender Leitung sollen nun im Zuge der Endlösung die Juden in geeigneter Weise im Osten zum Arbeitseinsatz kommen. In großen Arbeitskolonnen unter Trennung der Geschlechter werden die arbeitsfähigen Juden straßenbauend in diese Gebiete geführt, wobei zweifellos ein Großteil durch natürliche Verminderung ausfallen wird.
Der allfällig endlich verbleibende Restbestand wird, da es sich bei diesem zweifellos um den widerstandsfähigsten Teil handelt, entsprechend behandelt werden müssen, da dieser, eine natürliche Auslese darstellend, bei Freilassung als Keimzelle eines neuen jüdischen Aufbaues anzusprechen ist. (Siehe die Erfahrung der Geschichte.) Im Zuge der praktischen Durchführung der Endlösung wird Europa vom Westen nach Osten durchgekämmt. Das Reichsgebiet einschließlich Böhmen und Mähren wird, allein schon aus Gründen der Wohnungsfrage und sonstigen sozialpolitischen Notwendigkeiten, vorweggenommen werden müssen.
Die evakuierten Juden werden zunächst Zug um Zug in sogenannte Durchgangsghettos verbracht, um von dort aus weiter nach dem Osten transportiert zu werden...

(Aus dem Protokoll der Wannsee-Konferenz vom 20. Januar 1942)

»Was wird erst im Osten sein?«

Die Zwangsarbeit beherrschte mein Leben. Kam ich nach Hause, suchte ich meistens total erschöpft nur Schlaf. Ich schaffte es gerade noch, zu essen. Ich bekam kaum noch etwas von meiner Familie mit, wenig von dem, was meine Mutter, mein Vater, meine Schwester erzählten. Ich erinnere mich aber gut daran, daß meine Schwester Anfang Februar davon berichtete, ihnen – den Helfern aus der Jüdischen Gemeinde – sei gesagt worden, vorläufig würden keine Transporte mehr durchgeführt.
Tatsächlich. Im Februar kein Transport. Im März keiner. Bis Ende März jedenfalls keiner. Schon kamen sie wieder auf – die Gerüchte: Mit den Deportationen sei überhaupt Schluß. Die Juden würden eben unbedingt als zuverlässige Arbeiter in der Rüstungsindustrie gebraucht. Und so weiter. Und grenzenloses Entsetzen, als in den letzten Märztagen wieder ein Transport Berlin verließ.

Speer: »... Verlangsamung der Transporte der jüdischen Arbeiter in den Osten.«

> *Als ich einen Monat später, am 8. Februar 1942, mein Amt als Rüstungsminister antrat, fand ich einen akuten Mangel an Waffen und Munition aller Art vor, dessen baldige Behebung, wie die Generale mir in aller Kühle mitteilten, über den weiteren Verlauf des Krieges entscheiden würde. Denn durch die verlorene Winterschlacht im verschneiten und vereisten Rußland hatte die Truppe ihre Bestände weitgehend eingebüßt und stand nun im Frühjahr mehr oder minder waffenlos vor dem zur Offensive ansetzenden Feind.*
> *Allein diese akute Notlage führte zu einer Verlangsamung der Transporte der jüdischen Arbeiter in den Osten.*

(A. Speer: Der Sklavenstaat. Meine Auseinandersetzung mit der SS. 1981, S. 348)

All diese Transporte gingen übrigens zunächst in die Städte Lodz, Minsk, Kowno, Riga, Trawniki. In die ehemaligen Wohnbezirke der dortigen Juden. In die Ghettos. Die hatten die Nazis schon geräumt. Die einheimischen Juden waren herausgetrieben und erschossen worden. Das machten die berüchtigten Einsatzkommandos der SS. Erschießungstruppen. 500 bis 1000 Mann stark. Die taten nichts anderes, als wehrlose Menschen umzubringen. Hunderttausende. Auch Kinder. Und auch die Berliner Juden blieben nicht

Goebbels: »... ein ziemlich barbarisches ... Verfahren«

Aus dem Generalgouvernement werden jetzt, bei Lublin beginnend, die Juden nach dem Osten abgeschoben. Es wird hier ein ziemlich barbarisches und nicht näher zu beschreibendes Verfahren angewandt, und von den Juden selbst bleibt nicht mehr viel übrig. Im großen kann man wohl feststellen, daß 60 % davon liquidiert werden müssen, während nur noch 40 % in die Arbeit eingesetzt werden können. Der ehemalige Gauleiter von Wien, der diese Aktion durchführt, tut das mit ziemlicher Umsicht und auch mit einem Verfahren, das nicht allzu auffällig wirkt. An den Juden wird ein Strafgericht vollzogen, das zwar barbarisch ist, das sie aber vollauf verdient haben. Die Prophezeiung, die der Führer ihnen für die Herbeiführung eines neuen Weltkriegs mit auf den Weg gegeben hat, beginnt sich in der furchtbarsten Weise zu verwirklichen. Man darf in diesen Dingen keine Sentimentalität obwalten lassen. Die Juden würden, wenn wir uns ihrer nicht erwehren würden, uns vernichten. Es ist ein Kampf auf Leben und Tod zwischen der arischen Rasse und dem jüdischen Bazillus. Keine andere Regierung und kein anderes Regime konnte die Kraft aufbringen, diese Frage generell zu lösen. Auch hier ist der Führer der unentwegte Vorkämpfer und Wortführer einer radikalen Lösung, die nach Lage der Dinge geboten ist und deshalb unausweichlich erscheint. Gottseidank haben wir jetzt während des Krieges eine ganze Reihe von Möglichkeiten, die uns im Frieden verwehrt wären. Die müssen wir ausnützen. Die in den Städten des Generalgouvernements freiwerdenden Ghettos werden jetzt mit den aus dem Reich abgeschobenen Juden gefüllt, und hier soll sich dann nach einer gewissen Zeit der Prozeß erneuern. Das Judentum hat nichts zu lachen.*

(Goebbels: Tagebücher 1942/43; Eintrag vom 27. März 1942)

Goebbels: »Ich strebe die Aufhebung dieser Verordnung an ...«

Wir versuchen, die noch in Berlin verbliebenen Juden jetzt in größerem Umfange nach dem Osten zu evakuieren. Ein Drittel aller in Deutschland noch wohnenden Juden befindet sich in der Reichshauptstadt. Das ist natürlich ein auf die Dauer unerträglicher Zustand. Hauptsächlich ist er darauf zurückzuführen, daß in Berlin verhältnismäßig viele Juden in der Rüstungsindustrie beschäftigt sind und nach einer Verordnung auch ihre Familienmitglieder nicht evakuiert werden dürfen. Ich strebe eine Aufhebung dieser Verordnung an, und werde alle die Juden, die unmittelbar in kriegswichtigen Betrieben beschäftigt sind, aus Berlin herauszubringen versuchen.

(Goebbels: Tagebücher 1942/43; Eintrag vom 17. Mai 1942)

* Polen

lange in diesen Ghettos, wie wir heute wissen. Sie wurden nach wenigen Wochen oder Tagen erschossen. Manchmal sogar am Tage der Ankunft.
Im Laufe des Jahres 1942 gingen dann auch die ersten Transporte aus Berlin direkt nach Auschwitz. In Auschwitz waren das Töten in den Gaskammern und das Wegschaffen der Leichen in den Verbrennungsöfen durchorganisiert worden. 1943 endeten alle Transporte ohne Ausnahme in Auschwitz. Mein Leben hätte um ein Haar auch dort geendet. Ende Februar 1943 war ich in einem Sammellager in Berlin gefangen. Und die meisten, die allermeisten der Juden, die mit mir in diesem und in anderen Sammellagern waren, haben einige Tage später in der Tat nicht mehr gelebt. Sie waren in Auschwitz ins Gas getrieben worden.
Manchmal war eine Kollegin meiner Schwester, Esther Goldberg, bei uns. Die war häufig auf dem Bahnhof Grunewald eingesetzt. »Bei den allerersten Transporten«, so erzählte sie, »hat die Gestapo immerhin noch den Eindruck erwecken wollen, als gestehe sie uns Juden noch eine menschliche Würde zu. Aber jetzt: Wie Vieh treibt die SS die Menschen durch die Straßen. Es werden nur noch Viehwagen eingesetzt. Darin werden die Leute richtig eingepfercht. Die SS-Männer schlagen rücksichtslos mit Reitpeitschen. Auf Männer, Frauen, Kinder. Ich habe es mit eigenen Augen gesehen: SS-Männer schlagen Frauen, die ihre Säuglinge schützen. Und das hier in Berlin. Vor unser aller Augen. Was wird erst im Osten sein? In den Lagern?«
Ein Gerücht jagte das andere. Besonders rätselte man immer über irgendwelche Gesichtspunkte für die Auswahl der Betroffenen. Eine Zeitlang schien es so zu sein, als ob Menschen über 65, Schwerbeschädigte und Offiziere des Ersten Weltkrieges sowie Inhaber von Tapferkeitsauszeichnungen nicht deportiert würden. Das änderte sich allerdings im Juni 1942. Da gingen die ersten Transporte nach Theresienstadt. Das waren nicht immer 1000 Menschen, mal waren es 100, mal 200. Später dann mehr. Anfangs wurden auch noch Personenwagen mit den Juden für Theresienstadt an einen planmäßigen Zug vom Anhalter Bahnhof nach Karlsbad gehängt.
Wenn man, wie wir Juden damals, von Schrecken und Ängsten völlig beherrscht wird, kann man sich überhaupt nicht vorstellen, daß es Menschen geben könnte, die sich noch weitere Grausamkeiten ausdenken würden. Aber es gab sie. Es gab allzu viele davon. Da war zum Beispiel die Sache mit den jüdischen Waisenkindern. Die wurden eines Tages auch deportiert. Und weil die Zahl der Kinder wohl nicht hoch genug war – ein Transport sollte immer etwa 1000 Menschen umfassen –, entschied Adolf Eichmann kurzerhand, daß die Helfer der Jüdischen Gemeinde umgehend – wirklich sofort – die Waisenkinder herbeischaffen sollten, die bei Pflegeeltern lebten. Wieder traf es meine Schwester. Sie hat dabei Schreckliches erlebt, als sie von Wohnung zu Wohnung zog, um die Kinder abzuholen.

Die Widerstandsgruppe um Herbert Baum

Nun erzähle ich schon vom Sommer 1942. Da war aber noch der Mai. Ende Mai 1942 gab es nämlich eine große Erregung unter den Juden. Meine Mutter und meine Schwester hatten, getrennt voneinander, am späten Nachmittag Ähnliches beobachtet: Jüdische Männer – die waren ja ohne weiteres am »Judenstern« zu erkennen – wurden anscheinend auf offener Straße gefangengenommen. Es müssen sich grauenvolle Szenen abgespielt haben. Frauen und Kinder weinten und flehten. Auch Eltern, deren Söhne weggeschleppt wurden. Einer unserer Mitbewohner erzählte, er habe gesehen, wie ein jüdischer Mann in brutalster Weise aus seinem Haus abtransportiert worden war.
Meiner Schwester war nicht bekannt, daß gerade eine Deportation anstand. An diesem Abend hörten wir auf jedes Geräusch im Treppenhaus. Am folgenden Tag sickerten dann die ersten Informationen durch. Auf eine Ausstellung im Lustgarten sollte ein Brandanschlag verübt worden sein. Angeblich von Juden.
Es handelte sich um die Propagandaausstellung »Das Sowjetparadies«. Als Jude durfte ich mir zwar diese Ausstellung nicht ansehen, aber man braucht nicht viel Phantasie, um sich vorzustellen, was dort zu sehen war: Ein völlig negatives Bild von den Menschen und dem gesellschaftlichen und wirtschaftlichen Leben in der Sowjetunion. Eine ungeheure Verarmung. Primitivste Wohn- und Lebensverhältnisse. Niedrigstes Bildungsniveau. Eine kulturelle Wüste. Wo Untermenschen lebten, da konnte es schließlich nur tierisch und barbarisch zugehen. Und Slawen galten ebenso wie die Juden – rund drei Millionen Juden lebten in der Sowjetunion – eben als Untermenschen. Daß die sogenannten »Herrenmenschen«, nämlich die Hitler-Wehrmacht und die Waffen-SS, zu jenem Zeitpunkt schon ein Jahr lang in der Sowjetunion ihr Unwesen trieben, war in der Ausstellung sicher nicht zu sehen.
Nun, was war geschehen? Am 18. Mai 1942, an einem Montag, war in der Ausstellung eine Brandbombe explodiert, die elf Menschen leicht verletzte und geringen Sachschaden anrichtete. Heute wissen wir, daß schon nach wenigen Tagen die fünf Attentäter verhaftet worden waren und in den Monaten danach noch über 20 andere Frauen und Männer, die mit ihnen zusammenhingen, verhaftet wurden. Alles sehr junge Menschen. Tatsächlich waren alle jüdischer Herkunft. Sie gehörten zu einer Widerstandsgruppe, die ein Herbert Baum aufgebaut hatte. Schon 1938/39. Viele dieser jungen

Leute hatten eine kommunistische Überzeugung. Nach außen trat die Gruppe als ein Kreis junger Menschen auf, die gemeinsame Wanderungen unternahmen oder Musik- und Leseabende ausrichteten. So versuchten sie, die Isolierung der Juden in der Gesellschaft zumindest erträglich zu gestalten.

An ihren Arbeitsplätzen agitierten sie gegen die Nazi-Herrschaft, nicht nur unter den jüdischen, sondern auch unter den ausländischen Zwangsarbeitern. Die meisten Mitglieder der Gruppe – auch Baum selbst und seine Frau Marianne – arbeiteten in den Siemens-Werken. Die Gruppe druckte und verteilte Flugblätter. Mit dem Brandanschlag wollte die Gruppe ein Signal setzen. Daraus wurde schon allein deshalb nichts, weil dieser Anschlag in der Öffentlichkeit kaum bekannt wurde. Das Feuer wurde schnell gelöscht, und die Presse schrieb selbstverständlich kein Wort darüber.

Als diese Geschichte unter den Juden Berlins allmählich bekannt wurde, gab es fast nur Kopfschütteln und Empörung. Man dürfe die Nazis doch nicht reizen und provozieren und ihnen damit noch Vorwände für irgendwelche Maßnahmen gegen Juden liefern. Das meinten alle, die ich kannte. Die wußten natürlich nicht, daß die Ermordung aller Juden, auch der in Berlin, schon längst beschlossen war und daß die Nazis sich überhaupt nicht die geringste Mühe machten, das irgendwie zu begründen oder zu rechtfertigen.

Die Nazis reagierten auf den Brandanschlag mit den Maßnahmen, die meine Mutter und meine Schwester miterlebt hatten. Sie nahmen am 27. Mai 1942 154 Juden, und zwar Männer, von der Straße weg gefangen. Am nächsten Tag wurden sie im Konzentrationslager Sachsenhausen zusammen mit 96 dort schon gefangenen Juden erschossen. 250 also insgesamt. Die Angehörigen der 154 wurden nach Theresienstadt deportiert. Dann verschleppten die Nazis zusätzlich nochmals 250 jüdische Männer nach Sachsenhausen. Die meisten von ihnen starben in den folgenden Wochen durch die brutale Behandlung. Wer noch lebte, ist irgendwann im Herbst nach Auschwitz gebracht worden.

Mit ganz wenigen Ausnahmen sind die Mitglieder der Gruppe Baum in den folgenden Monaten auf dem Schafott hingerichtet worden. Die letzten am 4. März 1943. Daß ich das so genau weiß, hat wiederum einen besonderen Grund…

DAS Sowjet-Paradies
AUSSTELLUNG
der Reichspropagandaleitung der NSDAP.
Ein Bericht in Wort und Bild

Alois Brunner – Schreckensmensch unter Schreckensmenschen

Am Abend des 19. Oktober 1942 – es war ein Montag, ein Jahr nach dem ersten Deportationstransport aus Berlin – sagte meine Schwester, als sie aus dem Krankenhaus kam: »Heute bekamen wir alle kurz vor Arbeitsschluß die Anweisung der Gestapo, uns morgen früh um 6 Uhr in der Oranienburger Straße einzufinden. Nur ein Arzt darf als Notdienst im Krankenhaus bleiben.«

In der Oranienburger Straße stand die größte Synagoge Berlins, die 1866 eingeweihte »Neue Synagoge«. Ein architektonisch auffallendes Gebäude mit einer großen Kuppel, im orientalischen Stil gebaut mit wunderschönen Ornamenten. Diese Synagoge sieht man oft auf Fotos. Brennend. Und häufig ist dazu die Information zu lesen, dies sei eine Aufnahme aus der Pogromnacht vom 9. auf den 10. November 1938. Das stimmt aber nicht. In jener Nacht hat zwar die SA versucht, die Synagoge anzuzünden, aber der Vorsteher des Polizeireviers am Hackeschen Markt hat sie daran gehindert. Mit dem Hinweis darauf, daß die Synagoge schon im Kaiserreich unter Denkmalschutz gestellt worden sei, hat er sie vor der Zerstörung retten können. Das alles habe ich selbst erst vor ein paar Jahren erfahren. Die Fotos von der brennenden Synagoge stammen vermutlich aus dem November 1942, als das Gebäude bei einem Luftangriff von Bomben getroffen wurde.

Neben der Synagoge war das Hauptverwaltungsgebäude der Jüdischen Gemeinde in Berlin. Dort sollten sich also alle Angestellten des Jüdischen Krankenhauses einfinden. Und nicht nur des Krankenhauses! Die Bediensteten aller jüdischen Einrichtungen – wie Kindergärten, Altenheime, Kulturbund, Verwaltungen – waren dorthin bestellt worden.

Befehl Hitlers, »alle noch in Rüstungsbetrieben des Reiches arbeitenden Juden ... abzutransportieren«

In der Sitzung vom 20. bis 22. September 1942 befahl Hitler Sauckel, alle noch in Rüstungsbetrieben des Reiches arbeitenden Juden in die östlichen Lager abzutransportieren. Damit waren in der Hauptsache die Berliner Juden gemeint, um deren Verbleib in der Stadt und damit an ihrem Arbeitsplatz seit dem Herbst 1941 zwischen der Rüstungsinspektion III und den Parteistellen gerungen worden war.

(A. Speer: Der Sklavenstaat. Meine Auseinandersetzung mit der SS. 1981, S. 346)

Am folgenden Abend erzählte uns meine Schwester, was am 20. Oktober geschehen war. »Pünktlich um 6 Uhr waren rund 500 Menschen im großen Sitzungssaal versammelt. Ungefähr 10 SS-Soldaten bewachten uns. Wir sollten uns in Reih und Glied aufstellen. Die Minuten vergingen. Die erste Stunde. Die zweite. Keiner durfte austreten. Eine weitere Stunde verging. Eine Frau fiel in Ohnmacht. Es wurde 10 Uhr. Wir mußten weiter stehen. Es wurde 11 Uhr, dann 12 Uhr. Da kamen drei hohe SS-Offiziere herein. Lächelnd. Rauchend. In angeregter Unterhaltung. Sie erschienen mir unglaublich jung. Einer – das dachte ich mir gleich – war Adolf Eichmann, ein anderer sein Stellvertreter Günther. Die beiden haben nichts gesagt. Das Wort führte der Dritte. Ein Österreicher. Er ließ sich die Listen des Personals geben. Dann erteilte er den Abteilungsleitern den Auftrag, sie sollten aus ihren Abteilungen alle entbehrlichen Personen benennen. Zum Abtransport!«

Meine Schwester hat das nicht so flüssig erzählt, wie ich das jetzt mache. Sie hat immer wieder die Fassung verloren und wurde von Weinkrämpfen geschüttelt. Ihr müßt euch diese nervliche Belastung einmal vorstellen. Denn als die Abteilungsleiter zögerten und es dem SS-Offizier zu langsam ging, griff er ein und bestimmte wahllos 200 der Anwesenden. Meine Schwester nicht. Die Namen und Personalien wurden notiert. Es wurde gesagt, die Ausgesuchten hätten sich drei Tage später im Sammellager in der Levetzowstraße mit ihren Familien einzufinden.
Beim Auseinandergehen wurde plötzlich ein Name geflüstert: »Brunner! Alois Brunner!« Dieser Name war für Juden ein Inbegriff des Schreckens. Brunner hatte Wien »judenrein« gemacht. Den »Schlächter von Wien« nannte man ihn. Dieser Brunner war also in Berlin.

Hitler: »Es wird ihnen (den Juden) das Lachen überall vergehen ...«

Ich habe am 1. September 1939 in der damaligen Reichstagssitzung zwei Dinge ausgesprochen: ... und zweitens daß, wenn das Judentum einen internationalen Weltkrieg zur Ausrottung etwa der arischen Völker Europas anzettelt, dann nicht die arischen Völker ausgerottet werden, sondern das Judentum ... Die Juden haben einst auch in Deutschland über meine Prophezeiungen gelacht. Ich weiß nicht, ob sie heute noch lachen oder ob ihnen das Lachen bereits vergangen ist. Ich kann aber auch jetzt nur versichern: Es wird ihnen das Lachen überall vergehen, und ich werde auch mit dieser Prophezeiung recht behalten.

(Rede Hitlers am 30. Sept. 1942 im Berliner Sportpalast. Zitiert nach: Frankfurter Zeitung, 2. Okt. 1942)

Goebbels: Entschlossenheit des Führers, »die Juden unter allen Umständen aus Berlin herauszubringen«

Der Führer gibt noch einmal seiner Entschlossenheit Ausdruck, die Juden unter allen Umständen aus Berlin herauszubringen. Auch die Sprüche unserer Wirtschaftssachverständigen und Industriellen, daß sie auf die sogenannte jüdische Feinarbeit nicht verzichten könnten, imponiert ihm nicht. Plötzlich sind die Juden überall zu den höchsten Qualitätsarbeitern emporgelobt worden. Man führt dies Argument uns gegenüber immer wieder ins Feld, um für sie Schonung zu erbitten. Aber die Juden sind nicht so unentbehrlich, wie sie von unseren Intellektuellen gemacht werden. Es wird nicht allzu schwer sein, angesichts der Tatsache, daß wir in Berlin allein 240 000 ausländische Arbeiter haben, auch noch die restlichen 40 000 Juden, von denen überhaupt nur 17 000 im Produktionsprozeß tätig sind, durch ausländische Arbeiter zu ersetzen. Der jüdische Feinarbeiter wird, je länger je mehr, zu einem stehenden Argument der intellektuellen philosemitischen Propaganda. Hier zeigt sich wieder, daß wir Deutschen allzu leicht dazu neigen, zu gerecht zu sein und Fragen staatspolitischer Notwendigkeit mit Ressentiment, aber nicht mit kühlem Verstand zu beurteilen.

(Unveröffentlichter Tagebucheintrag von J. Goebbels vom 30. September 1942. Zitiert nach A. Speer: Der Sklavenstaat, a. a. O., S. 350)

Der Transport verließ am 24. Oktober Berlin. In den Tagen zuvor waren noch einige der Ausgewählten von der Liste gestrichen worden. Zumeist »arisch Versippte«. So nannten die Nazis Juden, die mit Nichtjuden verheiratet waren, und die Kinder aus solchen Ehen. Statt ihrer wurden andere für die Deportation bestimmt. Mein Vater sah in all dem eine Bestätigung für seine Einschätzung, wonach unsere Familie nicht gefährdet sein würde.

Dieser Transport brachte eine weitere unmenschliche Neuerung. Man denkt zwar nicht, daß die Grausamkeit noch zu steigern gewesen wäre. Und doch! Zum ersten Mal wurden Ehepaare und Familien getrennt. Arbeitete ein Angehöriger in der Rüstungsindustrie, so erhielt dieser nicht die Erlaubnis, sich mit seinem Ehemann oder seiner Ehefrau oder seinen Kindern »aussiedeln« zu lassen, wie es offiziell hieß. Da haben sich manche Ehepaare und Familien gemeinsam das Leben genommen.

Einzelne waren zu diesem Transport nicht erschienen und untergetaucht. Deshalb hatte sich Brunner eine »Strafmaßnahme« ausgedacht. Am 26. Oktober – das war der folgende Montag – erging an alle Bediensteten der Jüdischen Gemeinde und ihrer Einrichtungen der Befehl von der Gestapo, sich eine Stunde später – um 16 Uhr – wieder in der Oranienburger Straße einzufinden. Wer nicht erscheine, verwirke das Leben seiner Angehörigen. Gleich am Anfang hatte der Leiter der Gemeinde, Herr Kraindler, der natürlich ungeheuer erregt war, einen Herzschlag bekommen und war tot vor Brunner niedergefallen. »Schafft's den Juden da weg, damit er net so kalt

liegt«, meinte Brunner nur. Dann ein neues grausames Spiel: Er rief die Anwesenden alphabetisch auf. Man mußte hervortreten, und Brunner zeigte nach rechts oder links, ganz nach Laune und mit spöttischen und gemeinen Zwischenbemerkungen. Nach ungefähr vier Stunden ließ Brunner durch ein Vorstandsmitglied der Gemeinde verkünden: »Die linke Gruppe geht sofort an die Arbeit zurück!« Es war mittlerweile 8 Uhr abends. »Die rechte ist für die Aussiedlung in den Osten bestimmt. Mit Angehörigen. Für jeden, der am Mittwoch nicht im Sammellager erscheint, wird ein hoher Funktionsträger der Gemeinde und der Reichsvereinigung erschossen!«
20 Personen erschienen nicht am Mittwoch. Und in den ersten Novembertagen hat die Gestapo ihre Drohung auch wahr gemacht.
»Wir hältst du das nur aus, Lili?« hatte meine Mutter immer wieder meine Schwester gefragt. In dieser Nacht hat Lili ihr geantwortet. Das habe ich nie vergessen können. »Man kann das nur ertragen, Mutter, wenn man mit seinem Leben abgeschlossen hat.« Das sagte eine 22jährige Frau.
Ende November wurden die restlichen Angestellten der Gemeinde zusammenbefohlen. Jeder dritte wurde zur Deportation bestimmt. Jetzt durfte keiner mehr nach Hause. Sie wurden gemeinsam von bereitstehenden SS-Wagen in die Levetzowstraße gebracht. Es war lediglich erlaubt, den Betroffenen noch Gepäck nachzubringen. Und ihre Angehörigen konnten sich zu dem Transport melden. Auch Esther Goldberg war unter ihnen. Unsägliche menschliche Konflikte haben sich abgespielt. Wieder aber wurden »arisch Versippte« ausgenommen. Meine Schwester gehörte nun zu einem kläglichen Rest von Gemeindeangestellten, die in den kommenden Monaten in unmenschlicher Weise geschuftet haben.
Brunner hat aber nicht nur die Angestellten der jüdischen Einrichtungen und deren Angehörige in Angst und Schrecken versetzt, sondern alle Juden in Berlin. Das System der Deportationen änderte sich vollkommen. Es gab keine Aufforderungen mehr, sich im Sammellager einzufinden. SS-Männer griffen jeden auf, der einen Stern trug. In den Abendstunden fuhren SS-Militärwagen zusammen mit großen Möbelwagen durch die Stadt. Und dann machten Gestapo und SS bei Juden Wohnungsdurchsuchungen. Zu uns kamen sie fast in jeder zweiten Nacht. In unserer Wohnung lebten außer unserer Familie noch sechs Juden. Wenn sie irgend etwas für Juden Verbotenes sahen, nahmen sie den Betreffenden sofort mit. Eine Zeitung, eine Blume, verbotene Lebensmittel. Nur eine Kleinigkeit.
Einmal ergab sich auch für uns eine gefahrvolle Situation. Meine Mutter hatte am Abend von einem Besuch bei ihrer Schwester aus Lankwitz eine frische Flunder mitgebracht und für meinen Vater, der erst spät nachts von der Arbeit kommen sollte, gebraten. Höhnend hatten die Gestapo-Leute diesen Fisch in der Küche entdeckt. »Ei, ei, was hat denn ein Fisch in der Küche von Juden verloren?« Meine Mutter sagte sofort, sie sei »Arierin«,

In einem Sammellager: Warten auf dem Abtransport

lebe in einer Mischehe und sie habe den Fisch von ihrer Schwester für sich bekommen. Es waren bange Minuten, bis die Gestapo-Leute diese Erklärung akzeptierten und gingen.
Wenn man als Jude in jenen Wochen die Autos der Gestapo oder der SS sah, war es gut, sofort in irgendeinem Hausflur oder in einer Ruine zu verschwinden. Es war weit ungefährlicher, keinen »Judenstern« zu tragen, so streng das auch verboten war. Aber die Wahrscheinlichkeit, ohne Stern erwischt zu werden, war weitaus geringer als mit Stern. Und das eine wie das andere bedeutete Abtransport. Bald gab es in Berlin wohl keine Jüdin und keinen Juden ohne fertig gepackten Rucksack mehr.
Dann setzten richtige Häuserrazzien ein. Die SS umstellte einen ganzen Häuserblock, so daß es unmöglich war zu entkommen. Die Wohnungen von Juden, die durch den Stern leicht zu erkennen waren, wurden einfach aufgebrochen und die Bewohner, soweit sie anwesend waren, in die Möbelwagen geschleppt. Was an Gegenständen brauchbar erschien, nahm man mit. Dann wurde die Wohnung verwüstet, obwohl alles Inventar nach Nazi-Recht nicht mehr den Juden, sondern dem Deutschen Reich gehörte, und versiegelt. Danach ging's zum nächsten Block. Wenn das Auto so voll war, daß selbst die SS keinen Juden mehr hineinstopfen konnte, wurden die Menschen im Sammellager abgeliefert, und die Razzia ging weiter. Durch die Razzien entstanden schlimme Situationen. Denn die Gefangenen wußten: Irgendwann kommt mein Mann oder meine Frau, meine Tochter oder mein Sohn nach Hause, und die Wohnung ist versiegelt. Und die Angehörigen wußten nun: Aus meiner Familie sind welche von der Gestapo oder der SS abgeholt worden. Was sollen wir nun machen?
In diesem November 1942 stieg die Zahl der Selbstmorde von Juden sprunghaft an. Im Jüdischen Krankenhaus hatte man schon eine gesonderte Abteilung eingerichtet. Für die Sterbenden gab es oft keine Betten mehr, viele mußten auf Holzpritschen oder Massagebänken liegen.
Meine Schwester erzählte noch von einigen »Begegnungen« mit Brunner im Krankenhaus oder im Sammellager. In gemeinster Weise beschimpfte er die Juden und schlug sie, selbst hilflose Greisinnen und Greise. Im Dezember hat Brunner anscheinend Berlin wieder verlassen.
Zu Alois Brunner muß ich noch etwas sagen. Er lebt heute noch, in Damaskus, unter dem Schutz der syrischen Regierung.* Eichmann hat von Brunner gesagt: »Das ist mein bester Mann.« Alois Brunner hat in vielen europäischen Ländern die Judentransporte sozusagen »in Gang gebracht«.
Brunner hat die »Judenpolizei« erfunden. Durch Erpressungen wurden Juden gefügig gemacht, mit den Nazis zusammenarbeiten. Diese Juden wur-

* Zum Zeitpunkt der Überarbeitung dieses Buches Ende 1992 ging die Nachricht durch die Presse, Brunner wäre in Damaskus gestorben.

den bei den Gefangennahmen ganz offen eingesetzt. Wem ein gefangener Jude entkam, der wurde selbst umgebracht. Von seiner »Judenpolizei« soll Brunner sogar einige nach Berlin mitgebracht haben. Berlin war nur ein kurzes Zwischenspiel auf seinem mörderischen Weg durch Europa. Seine nächsten Stationen hießen: Griechenland, Frankreich, Monaco, Ungarn und Preßburg. Bis 1954 hat Brunner unbehelligt in der Bundesrepublik gelebt. Dann floh er als Georg Fischer über Ägypten nach Syrien. Vor einigen Jahren hat er sogar westdeutschen Journalisten ein Interview gegeben.
Und noch etwas will ich in diesem Zusammenhang erwähnen. Diese führenden SS-Offiziere waren unglaublich junge Männer. Alois Brunner war SS-Hauptsturmführer und 1942 nicht älter als 30 Jahre. Sein Chef Eichmann war nur sechs Jahre älter. Der berüchtigte Heinrich Himmler wurde mit 29 Jahren Führer der SS und hatte mit 34 die politische Polizei und mit 36 die gesamte Polizei in Nazi-Deutschland unter sich. Seine rechte Hand war Reinhard Heydrich. Der stand mit 30 Jahren an der Spitze der Geheimen Staatspolizei und war mit 32 Chef der Sicherheitspolizei. Dieser Heydrich leitete die Wannsee-Konferenz im Januar 1942, als die Ermordung von Millionen Juden organisiert wurde.
Die SS- und Gestapo-Führer und auch andere führende Nazis waren auffallend junge Männer. Fanatisch. Auf Karriere bedacht. Mit wenig Lebenserfahrungen. Aber im Nazi-Staat mußten viele neue Stellen besetzt werden. Goebbels wurde mit 30 Jahren von Hitler zum Gauleiter von Berlin ernannt, mit 36 zum Minister. Denkt auch an Hitler selbst. Der wurde mit 43 Jahren Reichskanzler.
Aber stellt euch diesen Brunner vor: Ein 30jähriger Mann schickt nach Lust und Laune mit einem einzigen Fingerzeig Hunderte von Juden in den Tod. Denn er wußte es genau: Diese Menschen und ihre Familien würden umgebracht werden.

Teil 3

Der Kampf in der Rosenstraße

1943 – Zum neuen Jahr ein neues Gerücht

Nach den Aktionen in den letzten Monaten 1942 war die Stimmung unter den Juden Berlins auf dem Nullpunkt. Es gab kaum noch eine Familie, aus der nicht schon Menschen deportiert worden waren. Von Freunden und Bekannten ganz zu schweigen.
Die einzige wirkliche Sicherheit schien noch darin zu bestehen, daß Tausende von Juden in der Rüstungsindustrie zwangsarbeiteten und anscheinend unentbehrlich waren. Mein Vater schien tatsächlich recht zu behalten.
Irgendwann kam ein neues Gerücht auf: Goebbels solle die Absicht haben, seinem Führer Adolf Hitler zu dessen 54. Geburtstag am 20. April 1943 ein Geschenk zu machen: ein »judenfreies« Berlin. Gerüchte kamen und gingen, aber dieses verstummte nicht.
Die Stimmung bei den Nazis dürfte in jenen Monaten nicht besonders gut gewesen sein. In Nordafrika mußten sich die deutschen und die verbündeten italienischen Truppen geschlagen geben. Am 31. Januar kapitulierte die 9. Armee der Nazi-Wehrmacht in Stalingrad. 300 000 Soldaten kamen in sowjetische Gefangenschaft. Am Tag zuvor hatten die Nazis noch den 10. Jahrestag ihrer Machtübernahme gefeiert.

Speer: Anruf von Goebbels, »daß keine Juden noch länger in Berlin verbleiben könnten ... «

Dann rief mich Goebbels in den letzten Tagen des Februar 1943 an und erklärte mit äußerster Entschiedenheit, daß keine Juden noch länger in Berlin verbleiben könnten; Sauckel habe ihm soeben die endgültige Zusage gegeben, für diese jüdischen Arbeitskräfte polnischen Ersatz zu stellen. Die Auskunft der Betriebsführer, daß in diesem Falle die Leistung absinken werde, habe er endgültig satt.

(Aus A. Speer: Der Sklavenstaat, a. a. O., S. 351)

Eine neue böse Ahnung...

Es wurde Februar 1943. Die Transporte gingen weiter. Meine Schwester erzählte, daß einige untergeordnete Gestapo-Leute Menschen, die sich gegen eine Deportation sträubten, mit dem Hinweis zu beruhigen versuchten: »Das sind ja noch gute Transporte.«
Eines Tages erhielt meine Schwester einen gelben Schein mit verschiedenen Angaben zur Person und zur Familie. Dieses Papier sollte sie vorzeigen, wenn sie von »Aussiedlungsmaßnahmen« betroffen würde. Uns war sofort klar: Da lag etwas in der Luft.
Am 26. Februar – es war ein Freitag – kam meine Schwester mit einer Nachricht aus dem Krankenhaus, die unsere Ahnungen bestätigte: Eine neue Aktion gegen die Juden stand bevor. Insgesamt sechzehn Schwestern, darunter auch sie, hatten die Anweisung bekommen, sich am nächsten Morgen um 7 Uhr zur besonderen Verwendung in der Oranienburger Straße einzufinden. An diesem Freitagabend habe ich meine Schwester zum letzten Mal gesehen.

Lieber Kamerad Dr. Brandt: *Im März 1943*

Ich möchte Ihnen heute einen Vorfall schildern, dem m. E. grundsätzliche Bedeutung zukommt.
Seit einigen Tagen sitzen hier bei uns im »Clou« – ehemals eine bürgerliche Unterhaltungsstätte – scharenweise die Juden, die auf ihren Weitertransport warten.
... Während die Heranbringung durch Lastwagen ordnungsgemäß vor sich ging, wurde ich am gestrigen Mittwoch von meinen schreckensbleichen Sekretärinnen gebeten, doch einmal schnell ins Zimmer unseres Registrators zu kommen (von wo aus man den Abtransport genau beobachten kann). Die Juden wurden ohne ersichtlichen Grund sinnlos von einem Mann mit der Hundepeitsche verprügelt.
Ich stellte durch Augenschein folgendes fest: ein Lastwagen war gerade heraus. Es kam ein neuer. Die augenscheinlich abgezählten Juden stürmten beim Ankommen des Wagens im Eilschritt aus dem »Clou« und versuchten so schnell wie möglich über besondere Hocker, die jüdische Ordner aufgestellt hatten, auf den Wagen zu kommen. Als ungefähr die Hälfte der Juden auf dem Wagen war (schneller ging es wirklich nicht), kam ein Zivilist, mit der Zigarette im Mund, eine große Hundepeitsche schwingend, ebenfalls aus dem »Clou« gelaufen und schlug wie ein Wildgewordener auf die zum Einsteigen drängenden Juden ein. Ich muß bemerken, daß sich unter diesen Jüdinnen mit kleinen Kindern auf dem Arm befanden. Der Anblick war entwürdigend und beschämend zugleich ...
Als die Aufladung unter den geschilderten Formen erledigt war, spielte sich zum zweiten Male genau der gleiche Vorgang ab. Es kann also keine Rede davon sein, daß es sich vielleicht um einen Wutanfall aus besonderem Anlaß gehandelt haben könnte. Der Mann mit der Hundepeitsche war offensichtlich der Leiter des gesamten Unternehmens »Clou«, augenscheinlich ein Assessor der Geheimen Staatspolizei. Als ich aus dem Zimmer ging, ... berichteten mir meine Sekretärinnen, daß der Mann beim nächsten Transport wiederum und vor allem auf Frauen eingeschlagen hätte ...
Wenn ich Ihnen diesen Vorgang ... so ausführlich schildere, lieber Kamerad Dr. Brandt, so deshalb, weil ich glaube, daß es vielleicht einmal gut wäre, intern alle zuständigen Stellen darauf aufmerksam zu machen, daß das mit Humanität und Gefühlsduselei nicht das Geringste zu tun hat, wenn verlangt wird, daß jede Amtshandlung, ganz gleich was geschieht, unter strengster Wahrung der Form zu geschehen hat, gerade in solchen Fällen. Denn ich glaube, auch Sie sind der Ansicht, lieber Kamerad Dr. Brandt, daß etwas anderes sich mit germanischer Haltung nicht vereinbaren läßt. Schließlich wollen wir ja nicht den Eindruck blindwütiger Sadisten erwecken ...

Mit herzlichem Gruß Heil Hitler
Ihr Rudolf aus den Ruthen, SS-Hauptsturmführer

Durchschrift Panzerschrank!

(Vollständig wiedergegeben in: Robert M. W. Kempner: Die Ermordung von 35 000 Berliner Juden. Der Judenmordprozeß in Berlin schreibt Geschichte. In: Gegenwart und Rückblick. Festgabe für die Jüdische Gemeinde zu Berlin 25 Jahre nach Neubeginn. Heidelberg 1970, S. 180 ff., hier S. 200/201)

Das Gebäude Rosenstraße 2–4: Gefängnis während der »Fabrik-Aktion« und Ort des Protestes gegen die Deportation

»Ab zur Rosenstraße!«

Montag früh, 48 Stunden, nachdem wir von unseren Arbeitsplätzen abgeholt worden waren, bekamen wir einen dünnen Malzkaffee. Nicht jeder von uns war übrigens direkt in einer Fabrik gefangengenommen worden. Es hatte wieder Razzien gegeben. Überall waren Juden von der SS aufgegriffen worden.
An diesem Morgen begann der Abtransport mit Lastwagen. Bei den meisten Menschen blieb ungeklärt, was mit den Angehörigen sein mochte. Welche Verzweiflung stand in den Gesichtern! Welche Schrecken!

»... daß sich bei diesen Transporten etwa 15 000 vollkommen arbeitsfähige, gesunde Juden befinden.«

Geheim!

An den
Lagerkommandanten des K. L. Auschwitz
SS-Obersturmbannführer Höß

Wie dort bekannt, beginnen am 1. 3. 43 die Judentransporte aus Berlin. Es wird nochmals darauf hingewiesen, daß sich bei diesen Transporten etwa 15 000 vollkommen arbeitsfähige, gesunde Juden befinden, die bisher in der Berliner Rüstungsindustrie gearbeitet haben. Auf ihre weitere Arbeitsverwendungsfähigkeit ist mit allen Mitteln Wert zu legen.

Der Chef des Zentralamtes

(Eingegangen in Auschwitz am 2. März 1943)

(Dieses bisher unveröffentlichte Dokument war ein Exponat der Ausstellung »Und lehrt sie: Gedächtnis« in Berlin [Ost] 1988.)

Die SS war sehr genau. Jeder mußte einen Büroraum betreten und wurde nach dem Namen, dem Geburtsdatum und der Wohnung gefragt. Die Angaben wurden anscheinend mit einer Kartei verglichen, denn bei mir rief der Gestapo-Mann: »Mischling 1. Grades!« – »Arisch versippt?« wurde ich daraufhin gefragt. Ich bejahte. »Ab zur Rosenstraße!« Ich mußte noch einen Schein unterschreiben, wonach ich mein Eigentum dem Deutschen Reich überlassen würde. Das war für mich selbstverständlich unwichtig. Aber »Rosenstraße« – was hatte das zu bedeuten? Ich kannte die Straße. Jeder Jude in Berlin wußte, daß in der Heidereutergasse die älteste Synagoge Berlins stand, die »Alte Synagoge«. Sie lag in einem Hinterhof, der zu einem

Eckgebäude gehörte. Ecke Heidereutergasse/Rosenstraße. Dieses Eckhaus war ein Verwaltungsgebäude der Jüdischen Gemeinde.
Wieder bestieg ich einen Lastwagen, der nur langsam voller wurde. Andere Wagen füllten sich schneller und fuhren vollgepfropft los. Mit weinenden und verzweifelten Menschen. Ein Mann sagte zu mir: »Auch zur Rosenstraße, mein Junge?« Im nachhinein ist mir erst aufgefallen, daß auf dem Lastwagen, auf dem ich war, sich überwiegend Männer befanden. Nur vereinzelt Frauen.
Ich muß noch etwas zu diesen Listen sagen: Die Gestapo und die SS waren extrem bürokratisch. Die Menschen eines jeden Transports in die Vernichtungslager des Ostens wurden mir ihren persönlichen Daten genau registriert. Diese Transportlisten sind erhalten geblieben. Von Berlin aus hat es insgesamt 63 Transporte in den Osten gegeben, also Vernichtungstransporte, Mordtransporte. Mit fast 36 000 Menschen. Nach Theresienstadt waren es 117 Transporte mit ungefähr 15 000 Menschen. Von diesen haben etwa 1600 überlebt.

Goebbels: »Wir schaffen nun die Juden endgültig aus Berlin hinaus.«

Wir schaffen nun die Juden endgültig aus Berlin hinaus. Sie sind am vergangenen Samstag schlagartig zusammengefaßt worden und werden nun in kürzester Frist nach dem Osten abgeschoben. Leider hat sich auch hier wieder herausgestellt, daß die besseren Kreise, insbesondere die Intellektuellen, unsere Judenpolitik nicht verstehen und sich zum Teil auf die Seite der Juden stellen. Infolgedessen ist unsere Aktion vorzeitig verraten worden, so daß uns eine ganze Menge von Juden durch die Hände gewischt sind. Aber wir werden ihrer doch noch habhaft werden. Jedenfalls werde ich nicht ruhen, bis die Reichshauptstadt wenigstens gänzlich judenfrei geworden ist.

(J. Goebbels: Tagebücher 1942/43, Eintrag vom 2. März 1943)

Zur Rosenstraße war der Weg nicht weit. Wir kamen durch die Oranienburger Straße. Die Synagoge dort, dieser märchenhafte Bau, war im November '42 von Bomben getroffen worden. In dem Nebengebäude hatte am Samstagmorgen meine Schwester auf ihren Einsatz gewartet. Als wir dann in die Rosenstraße einbogen, traute ich meinen Augen nicht. Ich sah viele Menschen, viele Frauen. Eine richtige Ansammlung. Ich sah Polizisten. Wenige allerdings. Ich sah SS-Männer.
Der Lastwagen konnte gar nicht an das Bürogebäude herangefahren werden. Er war auch sofort von Frauen umstellt. Wir mußten herunter, und SS-Männer bahnten uns einen Weg durch die Menschen. Und da hörte ich ein Rufen. Im Chor: »Laßt unsere Männer frei!« – »Unsere Kinder!« – »Wir wollen unsere Männer wiederhaben!«

Wiedersehen mit meinem Vater

In dem Gebäude herrschte ein großes Gedränge. Zunächst wurde ein jeder registriert. Und als ich mein Sprüchlein aufgesagt hatte – »Hans Israel Grossmann, geboren am 3. Dezember 1927, Mischling 1. Grades, Geltungsjude, Sohn des Juden Emil Israel Grossmann …« und so weiter –, meinte der Mann von der Gestapo: »Na, den Juden Emil Israel Grossmann haben wir wohl schon hier.« Ein Blick in eine Kartei. Bestätigendes Nicken.

Ein junger Ordner mit Judenstern, kaum älter als ich, begleitete meine Gruppe zu einem Raum. Ich bat ihn, nach meinem Vater zu suchen, und nannte ihm den Namen. Er wolle mal sehen, was sich machen ließe, meinte der Ordner. Ich selbst durfte nicht herumsuchen. In meiner Aufregung bekam ich gar nicht richtig mit, daß sich alle sehr erregt darüber unterhielten, was sie vor dem Gebäude gesehen hatten. Beinahe überflüssig zu erwähnen ist, daß der Raum vollkommen überfüllt war. Nach einer halben Stunde stand mein Vater in der Tür. Ich war unglaublich froh.

Glücklicherweise ließ es sich einrichten, daß wir zusammenbleiben durften. Dann erzählte mein Vater: »Mutter hat mich hier schon entdeckt. Am Sonntag. Ich kam am Sonntagmorgen hierher. Von der Levetzowstraße, nachdem die Gestapo festgestellt hatte, daß ich arisch versippt bin. Am Nachmittag rief dann ein Ordner meinen Namen und die Namen von anderen. ›Ihre Frau ist draußen‹, sagte er zu mir, ›sie will die Schlüssel. Sie kommt nicht in die Wohnung.‹ Ähnlich war es bei den anderen. Einige bekamen sogar Kleidungsstücke oder Päckchen mit Lebensmitteln. Heute auch. Die meisten Frauen sind wohl nicht wieder weggegangen. Auch in der Nacht nicht. Nun erzähl du mal, wie es draußen aussieht. Wir hören nur das Rufen. Wir dürfen nicht ans Fenster.« Ich erzählte.

Am Abend verteilte ein Ordner kleine Päckchen. Darunter auch eines für meinen Vater. Mit belegten Broten und Schokolade und einem Brief.

Dieses Gebäude der Jüdischen Gemeinde an der Ecke Heidereutergasse/Rosenstraße war bestimmt 25 m breit, dreistöckig, mit einem ausgebauten Dachgeschoß. Es war jetzt vollgepfropft mit Menschen, überwiegend mit Männern. In einigen Räumen waren Frauen, in einem Kinder. Nach uns kamen noch weitere Lastwagentransporte. Auch am nächsten Tag.

Heute weiß ich, daß dort etwa 1500 Juden festgehalten wurden. Wir konnten nur unzureichend von den Helfern versorgt werden, und völlig unzulänglich waren die sanitären Verhältnisse. Vor den Toiletten bildeten sich endlose Schlangen. Im Vergleich zu den Pferdeställen in der Rathenower Straße und mit meinem Vater an meiner Seite erschien mir die Rosenstraße wie ein Paradies. Kein Wunder, daß ich schnell einschlief.

Schutzlos den Bomben ausgeliefert

Lange hatte ich noch nicht geschlafen. Da schreckte ich, da schreckten wir alle durch das langgezogene Auf und Ab eines heulenden Dauertones auf. Fliegeralarm! Das hieß üblicherweise: Schnell in einen Luftschutzkeller oder – je nachdem, wo man sich gerade befand – in einen Bunker. Uns war sofort klar: Hier gibt es keinen Luftschutzkeller. Vielleicht einen für ein paar Leute, denn jedes Gebäude mußte ja einen Luftschutzkeller haben. Für uns jedenfalls nicht, allenfalls für die Wachen der SS. Eine Hoffnung: Vielleicht handelt es sich nur um einen vorsorglichen Alarm, und es würde zu keinem Bombenangriff kommen. Die Bomber würden vielleicht zu einer anderen Stadt abdrehen.

Unsere Hoffnung erfüllte sich nicht. In dieser Nacht flog die britische RAF, die Royal Air Force, den bis dahin längsten und schwersten Luftangriff auf Berlin. Mit 250 Bombern. Sprengbomben mit beinahe 2 Tonnen Sprengkraft und fürchterliche Brandbomben fielen auf Berlin.

In den Stunden jener Nacht vom 1. auf den 2. März 1943 haben wir davon nichts gewußt. Wir hörten, nervlich ungeheuer angespannt, weit entfernte

Detonationen und über uns die offenbar abdrehenden Bomber. Dieses unheilvolle bebende Dröhnen der Bomber, das nicht enden wollte. Wir hörten das unaufhörliche Abwehrfeuer der Flak. Und dann hörten wir Bombeneinschläge ganz in der Nähe. Aber glücklicherweise nur vereinzelt. Die St.-Hedwigs-Kathedrale – nur ein paar hundert Meter entfernt – hatte einen Volltreffer abbekommen.

In dem Bombenangriff dieser Nacht ist meine Schwester umgekommen. Gar nicht so weit weg von unserer Wohnung entfernt. In der Eisenzahnstraße, südlich vom Kurfürstendamm. Dort war ein Schwerpunkt dieses Luftangriffs gewesen. Meine Schwester hatte zu den Helfern im »Clou« gehört. Vermutlich war sie unterwegs, um Angehörige von Gefangenen zu suchen und zu informieren oder sonst irgend etwas zu erledigen. In unserer Wohnung hatte Lili meine Mutter nicht angetroffen und eine Nachricht hinterlassen. Meine Mutter war nämlich von der Arbeit gleich zur Rosenstraße gefahren, hatte das Päckchen abgegeben und war bis zu dem Fliegeralarm mit Hunderten von Angehörigen – meistens Frauen – vor dem Gebäude stehengeblieben. In der Gegend gab es in Kaufhäusern öffentliche Luftschutzräume. Viele hatten auch im U-Bahnhof Alexanderplatz Schutz gesucht.

Uns ist ein großer Stein vom Herzen gefallen, als Entwarnung gegeben wurde. Draußen war es stockdunkel. Um den Fliegern die Orientierung zu erschweren, durfte auch nicht das kleinste Licht scheinen. Allmählich begann es zu dämmern.

Wir hatten in der Zwischenzeit einen Weg gefunden, auf die Straße hinunterzusehen. Wenn ein Mann einen anderen auf die Schultern nahm, so konnte der obere aus der Mitte des Raumes auf die Straße schauen. Wir hatten einen sehr günstigen Raum, das erste Fenster in der Heidereutergasse im 1. Stock. Von da aus schauten wir in die Richtung zur Straße an der Spandauer Brücke, wo die Rosenstraße einen kleinen Platz bildete.

»Da sind die Frauen schon wieder«, rief der oben sitzende Mann strahlend. »Da kommen noch mehr.« Und wie viele mochten sich aus der anderen Richtung nähern, die wir nicht einsehen konnten?

Warum so viele Frauen?

Wie hatte meine Mutter nur davon erfahren, daß ihr Mann in der Rosenstraße gefangengehalten wurde? Meine Mutter war eine sehr mutige Frau. Später sagte sie, daß sie das erst durch die Nazis geworden sei. Wie ein Lauffeuer hatte sich die Aktion gegen die jüdischen Rüstungsarbeiter und Rüstungsarbeiterinnen – die Fabrik-Aktion – unter den Juden und deren Angehörigen herumgesprochen. Viele Juden tauchten unter. Tausende sogar. Sie versuchten es zumindest. Meine Mutter aber war einfach zu dem Polizeirevier in der Grolmanstraße gegangen und hatte dort nach dem Verbleib ihres Mannes und ihres Sohnes gefragt. Wenn es sich um arisch Versippte handeln würde, solle sie sich mal im Verwaltungsgebäude in der Rosenstraße erkundigen, wurde ihr gesagt. Das tat sie auch. Und wie sich zeigte, war sie nicht die einzige, die das erfahren hatte. Viele, viele Menschen standen dort bereits. Überwiegend Frauen. Und das hatte folgenden Grund.

In der Rosenstraße wurden nämlich die »arisch Versippten« zusammengefaßt. Das war uns, die wir dort gefangen waren, anfangs gar nicht aufgefallen. Nun habe ich euch aber doch schon erzählt, daß doppelt so viel jüdische Männer mit nichtjüdischen Frauen in den sogenannten »Mischehen« verheiratet waren wie umgekehrt. Deshalb also hatten sich vor dem Gebäude in der Rosenstraße überwiegend Frauen eingefunden, und bald war von einer »Frauendemonstration« die Rede. Und wenn Angehörige mitkamen – meine Tante hat zum Beispiel meine Mutter zweimal begleitet –, dann handelte es sich auch eher um Frauen, denn die Männer waren doch im Krieg. Unter den Protestierenden in der Rosenstraße waren aber auch Männer, teilweise sogar in Wehrmachtsuniform, und auch Kinder, die von den Erwachsenen mitgebracht worden waren.

Rätselraten

Was soll ich über die folgenden Tage erzählen ...? Warten. Warten. Und die Fragen: Was wird mit uns geschehen? Was tut sich da draußen auf der Straße? Eine Stimmung zwischen Angst und Hoffnung.
Im Laufe der Zeit lernten wir Gefangenen uns besser kennen. Je nach Stimmung und Temperament beteiligten sich die einzelnen an Gesprächen.
»Ich habe gedacht, uns Rüstungsarbeitern kann nichts passieren. Wer macht denn nun unsere Arbeit?« – »Fremdarbeiter natürlich. Franzosen. Oder Polen. Vielleicht auch Russen. Die werden das schon lernen.« – »Wir alle schätzen die Nazis falsch ein. Wir denken, die überlegen sich: Nutzt es uns etwas, wenn wir uns so und so verhalten? Oder schadet uns das? Aber so denken die nicht.« – »Stimmt. Sie führen mit der ganzen Welt Krieg und ziehen zahllose Transportmittel ab und beschäftigen Tausende von Männern damit, im besetzten Europa die Juden zusammenzutreiben und in die Lager im Osten zu bringen.« – »In Arbeitslager.« – »Arbeitslager? Hoffentlich. Was arbeiten die Juden da? Wie ist das organisiert? Habt ihr schon mal was gehört? Ich habe jetzt mehrmals die BBC gehört.« – »Glaubt doch nicht die Geschichte mit den Vergasungen.« – »Wir hier werden das wahrscheinlich bald wissen.« – »Dann muß die SS ja wohl erst mal unten die Mauer wegräumen. Unsere Angehörigen. Da muß sich auch die SS was einfallen lassen.« – »Einfallen! Einfallen! Denen fällt gar nichts ein. Die kennen doch nur eins: Gewalt! Foltern. Erschießen. Aufhängen.« – »Das machen sie aber in ihren Kellern und Lagern. Sie versuchen es sogar zu verheimlichen. Was sich aber da unten abspielt, darüber berichtet vielleicht schon die BBC. Das melden bereits die Botschafter der Neutralen ihren Regierungen.« – »Meinst du? Schön wär's ja.« – »Davon haben wir wenig. Inzwischen haben wir doch herausgefunden: Hier in der Rosenstraße sind nur arisch Versippte und Mischlinge gefangen. Warum sind wir von den anderen abgesondert worden? Weil wir eben nicht deportiert werden sollen!« – »Da begehst du einen Denkfehler. Wenn wir nicht in den Osten geschickt werden sollen – warum hat uns die SS oder die Gestapo dann nicht sofort nach Hause geschickt, als klar war: Du bist arisch versippt! – Du bist Mischling! Nee, nee, die wollen was mit uns anstellen.« – »Aber was?« – »Bin ich Himmler? Bin ich Goebbels?« – »Biste nicht. Aber was spielt sich jetzt in deren Köpfen ab? Und in den Köpfen von den anderen SS-Chargen? Stellt euch vor: Da unten findet der erste öffentliche Protest gegen die Nazis seit 1933 statt! Nach über zehn Jahren Nazi-Herrschaft. Eigentlich hätten wir Grund zum Jubeln. Wenn das Schule

macht! Unglaublich!« – »Da ist vielleicht was dran. Aber eben deshalb wird die SS sich das nicht mehr lange mit ansehen.« – »Irgendwann geht auch unseren Angehörigen die Luft aus. Die stehen und rufen. Zum Glück ist kein Frost mehr. Wir sind alle fertig mit unseren Nerven. Die letzten Monate! In unseren Familien – wie viele sind da deportiert worden!« – »Stimmt. Die Nazis sind Gewaltmenschen. Von Gewalt verstehen sie was. Die warten einfach darauf, daß unten ein paar die Nerven verlieren. Steine werfen oder so etwas. Dann schlagen sie zu. Verhaftungen. Schnellprozesse. Und wir sind weg.« – »Könnte sein. Aber wenn da unten keiner die Nerven verliert? Was dann?« – »Vielleicht verliert irgendwann die SS die Nerven.« – »Da würden sie sich aber was einbrocken. Die Stimmung in Berlin ist mies. Stalingrad. Die Bombenangriffe. Wie viele nichtjüdische Verwandte hat jeder von uns? Vier? Fünf? Mehr? Die würden Sturm laufen. Schaut euch die Straße an.« – »Das überschätzt mal nicht. Die haben doch jetzt im Krieg genug mit sich zu tun.« – »Ich vermute, die Gestapo wird ziemlich verblüfft sein. Proteste auf offener Straße! Das ist das eine. Aber das andere: Da stehen Frauen. In der Mehrzahl Frauen. Das paßt nicht ins Bild. Frauen, die sich nicht alles gefallen lassen. Das sind die Nazis eigentlich nicht gewöhnt.« – »Das meine ich doch. Das darf nicht Schule machen. Das da unten auf der Straße muß bald beendet werden. So oder so.« – »Wie meinst du das: ... oder so?« – »Na ja, die könnten die Sache ja auch beenden, indem sie uns freilassen.« – »Mensch, mich hat die ›Leibstandarte Adolf Hitler‹ höchstpersönlich eingefangen. Und dich doch auch. Und einige andere hier. Und dann sollen die uns wieder laufen lassen? Da wird der Führer aber ganz schön toben. Da wird er die Herren wohl eher noch mal schicken.« – »Die SS gegen Hunderte von Ariern? Die meisten Frauen! Mitten in Berlin! Im Herzen der Reichshauptstadt!« – »Arische Frauen, die angeblich in Rassenschande leben! Judenhuren ...« – »Ja, aber was sind sie ganz offensichtlich? Treu! Treue deutsche Ehefrauen und Mütter.« – »Sie sind mindestens so verzweifelt wie treu.«

Irgendwann drehten sich solche Gespräche im Kreis. Wenn wir das merkten, setzte Stille ein. Bis dann wieder jemand begann. »Also, mir ist aufgefallen ...« und so weiter.

Aus den Meldungen der SS-Kommandantur des Konzentrationslagers Auschwitz vom März 1943 (Fernsprüche)

Betr.: Abtransport von jüdischen Rüstungsarb. *8. März 43*

Am 5. und 7. März trafen folgende jüdische Häftlingstransporte ein.
Transport aus Berlin, Eingang 5. März 43, Gesamtstärke 1128 Juden. Zum Arbeitseinsatz gelangten 389 Männer (Buna) und 96 Frauen. Sonderbehandelt wurden 151 Männer und 492 Frauen und Kinder. Transport aus Breslau, Eingang 5. März 43, Gesamtstärke 1405 Juden. Zum Arbeitseinsatz gelangten 406 Männer (Buna) und 190 Frauen. Sonderbehandelt wurden 125 Männer und 684 Frauen und Kinder.
Transport aus Berlin, Eingang 7. März 43, Gesamtstärke 690 einschließlich 25 Schutzhäftlingen. Zum Arbeitseinsatz gelangten 153 Männer und 25 Schutzhäftlinge (Buna) und 65 Frauen. Sonderbehandelt wurden 30 Männer und 417 Frauen und Kinder.

Betreff. Judentransporte aus Berlin *15. März 43*

K. L. – Auschwitz meldet Judentransport aus Berlin. Eingang am 13. 3. 43. Gesamtstärke 964 Juden. Zum Arbeitseinsatz kamen 218 Männer und 147 Frauen. Die Männer wurden nach Buna überstellt. Gesondert wurden 126 Männer und 473 Frauen und Kinder untergebracht.

gez. Schwarz
SS-Obersturmführer

(»Dokumenty i Materialy z czasow okupacji niemieckiej w Polsce. I Obozy.« Herausgeber: N. Blumental, Zentrale Jüd. Historische Kommission, Lodz 1946, S. 110)

Anmerkung: Die Wendungen »sonderbehandelt« bzw. »gesondert untergebracht« bedeuteten, daß diese Menschen sofort in die Gaskammern getrieben wurden. Im übrigen sind hier nicht alle Deportationstransporte des März 1943 aus Berlin aufgeführt. Transporte gab es am 1., 2., 3., 4., 6. und 12. März mit knapp 8000 Menschen.

Den Maschinengewehren getrotzt

Am Donnerstag – es war also der 4. März – tat sich draußen etwas. Am frühen Nachmittag. Unter den Menschen auf der Straße kam plötzlich eine ungeheure Unruhe und Bewegung auf. »Viele laufen weg«, meldete unser Beobachtungsposten. »Aber nicht alle.« Dann hörten wir Schreie, denen große Verzweiflung anzumerken war. Plötzlich herrschte Ruhe. Allmählich füllte sich die Straße wieder mit Zurückkehrenden. Ein Ordner erzählte, die SS habe Maschinengewehre aufgebaut und wieder abgebaut. Von meiner Mutter erfuhren wir später mehr.

Meine Mutter hat nie im Zusammenhang über die Tage an der Rosenstraße erzählt oder ausführlicher darüber etwas aufgeschrieben. Das hat merkwürdigerweise keine der beteiligten Frauen getan, auch keiner der beteiligten Männer. Und die Geschichtsforschung hat sich jahrzehntelang mit diesem Ereignis überhaupt nicht beschäftigt. Eines haben mein Vater und ich allerdings von meiner Mutter wissen wollen: Was hat sich an jenem Donnerstag abgespielt, als die SS die Maschinengewehre aufgebaut hat?

»Ich kam völlig verzweifelt am S-Bahnhof Börse an. Erst am frühen Nachmittag. Nach einer schrecklichen Nacht. Abends war der Polizist gekommen – ein sehr freundlicher und anscheinend auch mitfühlender Mensch – und hatte mir die Nachricht von Lilli überbracht. Ich fuhr zu Luise. Am nächsten Morgen in aller Frühe zu Hilperts. Die hatten viel zu tun, und ich war doch schon an den Tagen vorher ausgefallen. Dann die Erkältung.

Ich bemerkte die große Bewegung unter den Menschen. Viele kamen mir entgegen. ›Weg! Die schießen‹ – ›Zurück!‹ Ich hörte aber auch Schreien. Weiter vorne am Gebäude. Ich drängte mich vor und sah, was los war.

Vor der Eingangstür standen fünf Soldaten der SS und bauten zwei Maschinengewehre auf, die sie auf uns richteten. Einer der SS-Männer rief etwas, was ich aber wegen des Lärms nicht verstand. Vielleicht war das die Aufforderung, die Straße zu räumen. Dann wallte für einige Minuten eine ungeheure Erregung auf. Viele Frauen liefen zwar weg, aber von hinten drängten andere nach. Die ersten Schreie: ›Mörder!‹ – ›Ihr Feiglinge!‹ Im Mute vollkommener Verzweiflung. ›Ihr Mörder! Auf Frauen schießen!‹ Ich habe mitgeschrien. Mir wurde alles egal. Uns war alles egal. Jede von uns wußte: Wenn die jetzt wirklich schießen, dann ist auch von den Gefangenen keiner mehr zu retten.

Ich sah, wie der SS-Mann hinter den Maschinengewehren den Mund weit aufriß. Ein Kommando? Unser Schreien übertönte alles. Dann etwas Uner-

wartetes: Die Soldaten bauten die Maschinengewehre ab. Als sie die Munitionskästen schlossen, wurden wir alle plötzlich sehr still. Man hörte Weinen und Schluchzen. Zögernd fanden sich wieder jene ein, die in Todesangst vor den Maschinengewehren gewichen waren.
Da standen wir nun. Erst vereinzeltes Rufen. Dann wieder Sprechchöre: ›Gebt unsere Männer frei! Unsere Kinder!‹ In jenen Minuten haben wohl viele von uns gespürt, daß aus unserem spontanen Protest eine Widerstandsaktion geworden war. Wir kämpfen ganz ohne Waffen. Gegen Hitler. Gegen Goebbels. Gegen Himmler.«

Entlassung!

Der Freitag war voll quälender Ungewißheit. Uns war klar: Lange würde eine Entscheidung über unser Schicksal nicht mehr auf sich warten lassen. Vermutungen und Gerüchte überschlugen sich. Irgendwann an diesem Tag erzählte dann ein Ordner, über 20 Männer seien abtransportiert worden. Anscheinend willkürlich ausgewählt. Und der Lastwagen, das habe er zweifelsfrei gehört, sei zum Bahnhof Putzlitzstraße gefahren. Das bedeutete: Deportation! »Jetzt wird's also losgehen«, meinte jemand. Keiner widersprach. Stunde um Stunde verging. Wie gebannt hörten wir auf jedes Geräusch im Gebäude und auf der Straße. Der Protest hielt offensichtlich an. Die Dunkelheit setzte ein, ohne daß es Anzeichen für einen weiteren Abtransport gegeben hätte.

Goebbels: »... unliebsame Szenen ...«

Schacht hält mir einen langen Vortrag über die augenblickliche Lage in Berlin aufgrund des letzten Luftangriffs. Sie ist doch außerordentlich ernst. Die in der Reichshauptstadt angerichteten Schäden sind sehr bedeutend, und wir werden schätzungsweise sechs bis acht Monate nötig haben, um sie halbwegs wieder in Ordnung zu bringen.*
*Gerade in diesem Augenblick hält es der SD für günstig, in der Judenevakuierung fortzufahren. Es haben sich da leider etwas unliebsame Szenen vor einem jüdischen Altersheim** abgespielt, wo die Bevölkerung sich in größerer Menge ansammelte und zum Teil sogar für die Juden etwas Partei ergriff. Ich gebe dem SD Auftrag, die Judenevakuierung nicht ausgerechnet in so einer so kritischen Zeit fortzusetzen. Wir wollen uns das lieber noch einige Wochen aufsparen; dann können wir es um so gründlicher durchführen.*

(J. Goebbels: Tagebücher 1942/43; Eintrag vom 6. März 1943)

*) Persönlicher Referent von Goebbels.
**) Hat Goebbels sich geirrt und das Verwaltungsgebäude der Jüdischen Gemeinde in der Rosenstraße (Sozial-Verwaltung) mit einem jüdischen Altersheim verwechselt? (Im übrigen müßte von einem »ehemaligen« jüdischen Altersheim die Rede sein, da die Bewohner der Altenheime zu diesem Zeitpunkt schon längst deportiert worden waren.) Oder hat es vor dem ehemaligen Altersheim in der Großen Hamburger Straße, das bei Deportationen ebenfalls als Sammellager diente, auch eine Protestaktion gegeben? Dafür habe ich bislang einen Augenzeugenbericht gefunden, nämlich von Wally Grodka in »Schon damals fingen viele an zu schweigen ...« (Quellensammlung zur Geschichte Charlottenburgs von 1933–1945. Hrsg. von der Bezirksverordnetenversammlung Charlottenburg. Berlin 1986, S. 193/94). Bestätigt wird dies im übrigen auch durch den Aufsatz des US-amerikanischen Historikers Nathan Stoltzfus in der ZEIT, Nr. 30/1989 (»Jemand war für mich da« – Der Aufstand der Frauen in der Rosenstraße). Wichtig an diesem Tagebucheintrag von Goebbels ist die Tatsache, daß ein öffentlicher Protest das Verhalten der Nazi-Führung anscheinend beeinflußt hat.

Der Samstag kam. 6. März 1943. Gegen Mittag verbreitete sich in Windeseile ein Gerücht: Es gibt Entlassungen! Als wir einen Ordner sahen, stürmten wir fragend auf ihn ein. »Ja, es scheint so.« – »Alle?« – »Das kann ich nicht sagen.« Am Nachmittag schien es allerdings sicher. Zimmer um Zimmer wurde geräumt. Das hat mehrere Tage gedauert. Ich kenne jemanden, der erst am 16. März nach Hause konnte. Mein Vater und ich waren glücklicherweise schon am Sonntag an der Reihe. Wieder erlebten wir, welch bürokratischer Aufwand von den Nazis betrieben wurde. Jeder bekam einen Entlassungsschein, ein hektographiertes Formular. Oben stand: »Der Jude/Die Jüdin...« Danach wurde der Name eingetragen. Für mich und andere »Mischlinge« war das Formular anscheinend nicht gedacht. Der Gestapo-Mann entwertete daraufhin auf einer Schreibmaschine diese Worte und schrieb darüber: »Geltungsjude«. Dann wurde mein Name eingetragen. Ausdrücklich wurde vermerkt – wie auch bei meinem Vater –, daß wir keine Lebensmittelkarten bekommen hatten. Die gab's nämlich erst, wenn man sich bei der Zwangsarbeitsvermittlung für Juden in der Kreuzberger Fontanepromenade gemeldet hatte – wir nannten das damals ironisch »Jüdisches Arbeitsamt« – und einen Arbeitseinsatz nachweisen konnte.
Nun konnte ich die Menschen, die vor dem Gebäude aushielten, zum erstenmal sehen. Überwiegend Frauen. Unruhe, wenn Leute aus dem Gebäude herauskamen. Ist mein Mann dabei? Meine Tochter? Mein Sohn? Ich habe mir damals nicht einen Gedanken darüber gemacht, wie viele Menschen da wohl warten mochten. In jener Stunde waren es jedoch nicht sehr viele. Sie winkten uns zu, riefen etwas. Ich war viel zu aufgeregt, um mehr davon mitzubekommen.
Wir hofften, daß uns meine Mutter empfangen würde, und schauten umher. Vergeblich. Schnell waren wir in unserer Wohnung. Die S-Bahn fuhr von »Börse« bis »Charlottenburg« kaum 20 Minuten. Meine Mutter lag mit hohem Fieber und beinahe ohne Stimme im Bett. Das Stehen, das Rufen, das Schreien in der Kälte hatten Spuren hinterlassen. Es dauerte eine Weile, bis mein Vater und ich mitbekamen, daß die Tränen meiner Mutter nicht nur Freudentränen waren. Am folgenden Donnerstag wurde meine Schwester auf dem Jüdischen Friedhof in Weißensee beerdigt.

Des Rätsels Lösung?

Wie oft haben wir später noch darüber gerätselt, was Gestapo und SS schließlich bewogen haben mag, uns freizulassen. Eines dürfte sicher sein: Sie hatten mit den »arisch Versippten« und den »Mischlingen« was vor. Aber was? Da läßt sich einiges vermuten. Ich habe doch bereits erzählt: Auf der Wannsee-Konferenz am 20. Januar 1942 hatte es zwar Vorschläge von Heydrich gegeben, wie man im Zusammenhang mit der sogenannten »Endlösung«, also mit der endgültigen Ermordung aller Juden, die Frage der »Mischehen« und der verschiedenen Arten von »Mischlingen« behandeln konnte, aber keine Entscheidung. Vermutlich hatten sich die Nazis nun eine Lösung ausgedacht. Etwa: Die Mischehen werden zwangsweise geschieden. Der jüdische Teil wird dann deportiert. Vielleicht sofort in den Osten. Vielleicht auch zunächst nach Theresienstadt.
Aus dem Lager in der Rosenstraße waren tatsächlich einige jüdische Männer, »Mischehen«-Partner, nach Auschwitz transportiert worden, nämlich 25. Die kamen allerdings wieder zurück. Etwas Einmaliges, ja Unglaubliches. Darüber werde ich aber später erzählen ...
Was hätte nun mit den »Mischlingen« geschehen können? Mit mir also. Vielleicht hätte man uns vor die Wahl gestellt: Deportation oder Sterilisierung. Unfruchtbarmachung, damit die angeblich schlechten jüdischen Erbanlagen hätten nicht weitergegeben werden können. Irgend etwas in dieser Art. Was genau, das ist nicht so wichtig. Denn dazu kam es ja nicht mehr. Es geschah vielmehr etwas für die Nazis und auch für uns Unerwartetes, etwas ganz Unwahrscheinliches.
Im Berlin Hitlers und Himmlers, im Berlin des Gauleiters Goebbels lehnten sich im März 1943 in aller Öffentlichkeit Menschen in großer Zahl gegen eine Maßnahme der Nazis auf. Und zwar diejenigen, die neben den Juden selbst am meisten erniedrigt worden waren, die in all den Jahren am meisten mitgelitten hatten, die nichtjüdischen Ehepartner. Was hatten sie nicht alles mitertragen müssen! Mitgeduldet! In aller Stille. Jetzt aber würde – so mußten sie annehmen – etwas für sie ganz Unerträgliches geschehen: Die Deportation ihrer Ehegatten und Kinder. Und in der Gemeinsamkeit mit den vielen anderen Betroffenen faßten sie mehr und mehr den Mut, sich dem zu widersetzen.
Was hat sich wohl in den Köpfen der zuständigen Gestapo- und SS-Männer abgespielt? Die mußten sich in kürzester Zeit auf viel Neuartiges einstellen. Da gab es einmal das unerhörte Schauspiel eines öffentlichen Protestes

gegen eine ihrer Maßnahmen. Sie wußten selbstverständlich, daß sie Gegner hatten. Die arbeiteten aber im Untergrund. Hier in der Rosenstraße nun eine öffentliche Protestaktion! Keine in der Nacht auf eine Mauer geschriebenen Parolen. »Nieder mit Hitler!« Oder etwas Ähnliches. Keine heimlich in der Bahn oder auf dem Postamt oder in einem Kaufhaus zurückgelassenen Flugzettel mit nazifeindlichen Texten. Nein, etwas, was es noch nie gegeben hatte: ein öffentlicher Protest.
Und noch unfaßbarer war wahrscheinlich, daß diese Menschen sich letztlich durch noch so gewaltsame Drohungen nicht einschüchtern ließen. Das war – und ist übrigens – für jemanden, der die Gewaltanwendung so wie ein Naturgesetz ansieht, selbstverständlich ein Rätsel. Diese protestierenden Menschen verhielten sich völlig gewaltlos. Nicht ein einziger Stein wurde geworfen. Trotz all der verzweifelten Wut. Wahrscheinlich hat die SS nichts sehnlicher gewünscht als eben dies: irgendeine gewaltsame Handlung von seiten der Protestierenden. Das hätte Anlaß und Vorwand für brutalstes Vorgehen sein können.
Und um die Verwirrung in den Köpfen der Nazis zu steigern: Da standen in der Mehrzahl Frauen. Frauen, die nach der Nazi-Lehre in der Politik nichts zu suchen hatten. Sie durften normalerweise nur das auslöffeln, was die Männer ihnen eingebrockt hatten. Daß sich hier aber Frauen aktiv in etwas einmischten, das war eine Ungeheuerlichkeit.
Noch eine Sache dürfte der Nazi-Führung klargeworden sein: Die Menschen, die protestierten, machten nur einen Teil – den kleineren Teil – von jenen aus, die durch eine Deportation der jüdischen »Mischehe«-Partner und der »Mischlinge« betroffen gewesen wären. Es gab noch andere nahe Verwandte und Freunde. Möglicherweise wollten die Nazis die ohnehin gedrückte Stimmung in der Bevölkerung nach der verheerenden Niederlage von Stalingrad und angesichts des schweren Luftangriffs vom 1. auf den 2. März 1943 nicht noch weiter belasten. Und wenn diese tage- und nächtelange Aktion anscheinend nicht durch Gewalt zu beenden war, so doch durch die Entlassung der Gefangenen.
Möglich, daß die Nazis gedacht haben: Die entgehen uns ohnehin nicht. Erledigen wir die Angelegenheit später. Angeblich sollen sie das später, viel später allerdings, auch noch mal vorgehabt haben. Im Januar 1945 nämlich. Damals machte das Gerücht die Runde, die jüdischen Teile der »Mischehen« sollten deportiert werden. Angeblich standen schon die Lastwagen bereit. Aber es geschah nichts. In Berlin jedenfalls nicht.

Immer wieder taucht die Frage auf – und ihr wollt das bestimmt auch wissen –, wie viele Menschen damals in der Rosenstraße protestiert haben mögen. In den wenigen Berichten darüber schwanken die Zahlen erheblich. Mal ist von 6000 die Rede, mal von 100 bis 200. »Aber das kann man nun wirklich sehen, ob 100 Menschen demonstrieren oder Tausende«, werdet ihr sagen. Richtig.

Ihr müßt denken, in der Rosenstraße hat keine Protestdemonstration stattgefunden, wie ihr sie von heute kennt. Sagen wir: Gegen die Unterdrückung der schwarzen Bevölkerungsmehrheit in Südafrika. Eine Organisation oder mehrere haben dazu aufgerufen. Menschen, die das Anliegen unterstützen, kommen, machen einen Umzug, versammeln sich zum Abschluß, hören Reden und Forderungen und gehen wieder nach Hause. Da kann man halbwegs sicher sagen: Es waren 500 Menschen da oder 5000.

In der Rosenstraße spielte sich etwas ganz anderes ab. Dorthin zogen zunächst ganz spontan die nahen Angehörigen der Gefangenen. Anfangs waren es wohl 100 oder 200. Es wurden mehr und mehr, als sich die Sache erst einmal herumgesprochen hatte. Wer aber konnte schon tage-, womöglich nächtelang dort stehen? Am späten Abend gingen viele nach Hause und kamen am nächsten Tag wieder. Viele mußten auch zur Arbeit, so daß die Menge erst am frühen Abend wieder anwuchs. Das eine oder andere Mal kamen Verwandte mit. Zweimal zum Beispiel die Schwester meiner Mutter. Von einer damals sehr jungen Frau weiß ich, daß verschiedene Male ihr Bruder mitgekommen ist. Ja, ganz sicher waren unter den Protestierenden auch Soldaten in Uniform. Die waren vielleicht auf Heimaturlaub und begleiteten jemanden. Kurz und gut: Die Zahl der Protestierenden schwankte in all diesen Tagen erheblich.

Sicher dürfte folgendes sein: Die Höchstzahl kann nicht nur wenige hundert betragen haben. Davon hätte sich die Gestapo wohl nicht beeindrucken lassen. Meine Mutter hat erzählt, daß die Polizei manchmal den Straßenverkehr umgeleitet hat. Nur für die Straßenbahn wäre mit Mühen immer eine Gasse freigemacht worden. Einmal soll die Menge bis zur Straße an der Spandauer Brücke gestanden haben.

Nimmt man all diese Informationen und Überlegungen und bedenkt, daß in der Rosenstraße etwa 1500 bis 2000 Menschen gefangengehalten wurden, so ist eine Höchstzahl von ungefähr 1000 Menschen, die protestiert haben, durchaus wahrscheinlich.

Eine Spur der Gruppe Herbert Baum

Vor dem Gebäude in der Rosenstraße stand eine Litfaßsäule. Bei meiner Entlassung war mir ein Anschlag wegen seines kräftigen roten Farbtons aufgefallen. Dieser Anschlag war aber nicht nur dort angeklebt, sondern überall in der Stadt. Nun war mir nicht bekannt, daß es Juden verboten war, öffentliche Anschläge zu lesen. Also schlich ich mich einige Tage nach meiner Entlassung an eine Litfaßsäule und las folgendes:

Bekanntmachung.

Die am 10. Dezember 1942 vom Volksgerichtshof wegen Vorbereitung zum Hochverrat und landesverräterischer Feindbegünstigung zum Tode verurteilten

Heinz Israel Rotholz, 21 Jahre alt,
Heinz Israel Birnbaum, 22 Jahre alt,
Lothar Israel Salinger, 23 Jahre alt,
Helmuth Israel Neumann, 21 Jahre alt,
Siegbert Israel Rotholz, 23 Jahre alt,
Hella Sara Hirsch, 21 Jahre alt,
Hanni Sara Mayer, 22 Jahre alt,
Marianna Sara Joachim, 21 Jahre alt, und
Hildegard Sara Loewy, 20 Jahre alt,

sämtlich aus Berlin, sind heute hingerichtet worden.

Berlin, den 4. März 1943.

Der Oberreichsanwalt beim Volksgerichtshof.

An den Namen ist es leicht zu erkennen – da waren junge Jüdinnen und Juden hingerichtet worden. Sie gehörten alle zu der Gruppe Baum, denen der Prozeß gemacht worden war. Während aber die vorangegangenen Prozesse in der Öffentlichkeit verschwiegen wurden, hier nun eine auffallende Plakatierung! Warum? Darüber läßt sich nur rätseln. Vielleicht war das als eine Art Begleitmaßnahme zur »Fabrik-Aktion« und den großen Deportationen in jenen Tagen gedacht. Um noch einmal zu zeigen: Seht, wie nichtswürdig diese Juden sind!

Teil 4

Überleben im »judenfreien« Berlin

Neue Zwangsarbeit: Trümmer räumen

Nach der Beerdigung meiner Schwester mußten sich mein Vater und ich von meiner Mutter trennen. Wir fuhren zur Zwangsarbeitsvermittlung für Juden in der Fontanepromenade in Kreuzberg. Da bekam ich Arbeit bei der Firma Richard Wählisch, Saatwinkler Damm 65/67, zugewiesen. »Trümmer räumen«, sagte der Beamte. »Arbeitsbeginn: Montag, 6 Uhr.«
Nach meinen Erfahrungen bei der Deutschen Waffen- und Munitionsfabrik war ich auf das Schlimmste gefaßt, als ich mich am folgenden Montag auf den Weg machte. Zwei Wochen vorher war ich in die Rosenstraße eingeliefert worden. Wählisch war eigentlich eine Baufirma. Der Inhaber hatte – heute würde man sagen – eine Marktlücke entdeckt und sich darauf spezialisiert, Aufräumarbeiten nach Luftangriffen durchzuführen. Ein paar »arische« Vorarbeiter waren die Aufpasser. Die eigentliche Arbeit machten aber Fremdarbeiter und Zwangsarbeiter. Einige hundert, denke ich.
Zuerst habe ich es gar nicht glauben wollen: Bei dieser Firma ging es einigermaßen menschlich zu. Die Arbeit selbst war sehr schwer. Ich – wir alle waren doch nur Leichtgewichte. Es gab zwar noch etwas zu essen. Aber gerade für uns Juden nichts wirklich Nahrhaftes mehr. Kein Gemüse, kein Obst, keine Eier, kein Fleisch, keine Milchprodukte. Jeder von uns arbeitete mit seinen letzten Kräften. Es gab doch keine großartigen Räumgeräte wie Bagger oder Kräne. Wir arbeiteten mit Spitzhacken, Schaufeln, Seilwinden. Und meistens mit unseren Händen. Ich war aber an der frischen Luft und nicht mehr in der gasverseuchten Halle der Munitionsfabrik. Immerhin wurden wir nicht mehr geschlagen, so gut wie nie beschimpft. Das war wie eine Erlösung. Die Vorarbeiter redeten in völlig normalem Ton mit uns, manchmal auch freundlich. Bald fuhr ich mit ganz anderen Gefühlen zur Arbeit als noch vor Wochen, ohne Angst vor Schikanen und Erniedrigungen.
Ähnlich erging es auch meinem Vater. Er war einer Fabrik in Tempelhof zugeteilt worden, die Elektromotoren baute. Keine Knochenarbeit wie der Gleisbau. Und die Vorgesetzten schikanierten ihn, den Juden, nicht.
Für mich brachte die neue Arbeit einen ungeahnten Vorteil. Ich hatte nämlich keinen festen Arbeitsplatz mehr. Wir wurden da eingesetzt, wo es Zerstörungen durch Fliegerangriffe gegeben hatte. Das konnte niemand vorher wissen. Ich bekam daher eine Fahrerlaubnis, auf der vermerkt war: »...von Wohnung nach veränderlicher Arbeitsstelle«. Diese Fahrerlaubnis konnte ich also auch einmal privat benutzen, nach Feierabend zum Beispiel, um noch irgend etwas zu erledigen.

Eine meiner ersten Einsatzstellen war in der Kurfürstenstraße. Als ich in aller Frühe ankam, traute ich meinen Augen nicht. Da stand der junge Ordner aus der Rosenstraße, der mir meinen Vater gesucht hatte. Ich redete ihn sofort an. Er konnte sich an mich nicht erinnern. Jedenfalls hatten wir uns eine Menge zu erzählen. Robert – so hieß er – Robert Bauer – war 20 Jahre alt und hatte Ähnliches erlebt wie ich. Er stammte auch aus einer »Mischehe«, in der der Vater Jude war. Zur Zwangsarbeit war Robert schon 1940 verpflichtet worden, in einer Fabrik, die Wehrmachtsuniformen herstellte. Für Robert war es sehr belastend, daß seine Eltern fürchterlich unter den Ungewißheiten und der ständigen Lebensangst litten. Gerade seine Mutter schien diese ständige nervliche Belastung kaum noch ertragen zu können.
Leider lebte Robert am anderen Ende von Berlin, im Osten, wie man schon damals sagte. Nicht im Scheunenviertel, der Wohngegend der Ostjuden, die da schon längst nicht mehr lebten, sondern in Lichtenberg, einer Gegend, in der nur wenige Juden wohnten. Leider trennten sich nach Arbeitsende unsere Wege immer sehr schnell, obwohl wir uns gerne mochten.
In der Umgebung der Kurfürstenstraße hatten wir tagelang zu tun. Tagtäglich konnten wir dort zwischen 8 und 9 Uhr die Ankunft eines jugendlich wirkenden SS-Offiziers beobachten. Der fuhr mit einem Wagen vor und betrat das Haus Kurfürstenstraße 155/116, in dem häufig SS-Leute ein- und ausgingen. Am dritten oder vierten Tag ging dieser SS-Offizier nahe bei uns vorbei. Er sah zu uns herüber, zögerte einen Moment und rief uns dann zu: »Na, Jungs, alles in Ordnung!?« – »Jawohl!« riefen wir zurück. Der Vorarbeiter meinte uns informieren zu müssen: »Da hat die SS eine Dienststelle.«
Ja, da hatte die SS in der Tat eine Dienststelle. Nämlich das sogenannte »Judenreferat«! Und der SS-Offizier war Adolf Eichmann gewesen, der diese Dienststelle leitete. Von ihm hatte meine Schwester erzählt, als Eichmann mit Brunner in der Jüdischen Gemeinde in der Oranienburger Straße aufgetaucht war. Dieser Adolf Eichmann organisierte von der Kurfürstenstraße aus die Judendeportationen aus ganz Europa in die Vernichtungslager. Damals habe ich davon allerdings nichts gewußt. Daß uns Eichmann einigermaßen freundlich anredete, verwundert euch vielleicht. Als er später – 1960/61 – in Jerusalem vor Gericht stand, hat er auch immer wieder gesagt, er habe persönlich gar nichts gegen Juden, er habe nur Anweisungen und Befehle befolgt. Das haben alle gesagt, die nach dem Krieg wegen der Ermordung von Juden angeklagt waren.

Berlin »judenfrei«?

Am 19. Mai 1943 sollen die Nazis verkündet haben, Berlin sei »judenfrei«. So kann man es jedenfalls lesen. Damals habe ich von einer solchen Proklamation oder etwas Ähnlichem nichts mitbekommen. Das wäre auch nicht glaubwürdig gewesen, denn in Berlin lebten Mitte 1943 noch einige tausend Juden. Über 6000. Völlig legal. In Mischehen zum Beispiel. Viele von ihnen, wie mein Vater und ich, mußten auch weiterhin den »Judenstern« tragen. Für jeden also sichtbar. Aus dem Geschenk, das Goebbels angeblich Hitler machen wollte, war nichts geworden. Nicht zuletzt hatten ihm die Frauen in der Rosenstraße einen Strich durch die Rechnung gemacht. Außerdem hielten sich zu jenem Zeitpunkt sicher noch einige tausend untergetauchte Juden in Berlin versteckt. Die meisten allerdings gingen im Laufe der Monate der Gestapo ins Netz.

Goebbels: 4000 Juden sind untergetaucht

Die Evakuierung der Juden aus Berlin hat doch zu manchen Mißhelligkeiten geführt... Daß die Juden an einem Tage verhaftet werden sollten, hat sich infolge des kurzsichtigen Verhaltens von Industriellen, die die Juden rechtzeitig warnten, als Schlag ins Wasser herausgestellt. Im ganzen sind wir 4000 Juden dabei nicht habhaft geworden. Sie treiben sich jetzt wohnungs- und anmeldungslos in Berlin herum und bilden natürlich für die Öffentlichkeit eine große Gefahr. Ich ordne an, daß Polizei, Wehrmacht und Partei alles daransetzen, diese Juden möglichst schnell dingfest zu machen.

(J. Goebbels: Tagebücher 1942/43; Eintrag vom 11. März 1943)

Die Nazis hatten im Zuge der »Fabrik-Aktion« allein im März 1943 beinahe 8000 Juden aus Berlin deportiert. In den ersten fünf Monaten des Jahres insgesamt über 15 000. Alle Transporte endeten in Auschwitz.
Am 10. Juni 1943 löste die Gestapo schließlich die Jüdische Gemeinde und die Reichsvereinigung auf. Die Vorstände wurden mit ihren Familien nach Theresienstadt transportiert. Im ehemaligen Jüdischen Krankenhaus im Wedding richtete die Gestapo eine Stelle ein, an die sich die noch in Berlin lebenden Juden wenden konnten, zum Beispiel in persönlichen Angelegenheiten, im Krankheitsfall. Dort bestand dann noch bis zum Kriegsende das letzte Sammellager für aufgegriffene Juden oder für Juden, die erwischt worden waren, als sie irgendeine dieser antijüdischen Bestimmungen nicht eingehalten hatten.

Und Monat für Monat gab es kleine Transporte nach Auschwitz oder Theresienstadt. Als mein Vater und ich in den letzten Kriegswochen dort gefangen waren, konnten wir nicht mehr nach Auschwitz gebracht werden. Die Vernichtungslager im Osten waren zu jenem Zeitpunkt schon längst von der sowjetischen Armee befreit worden.

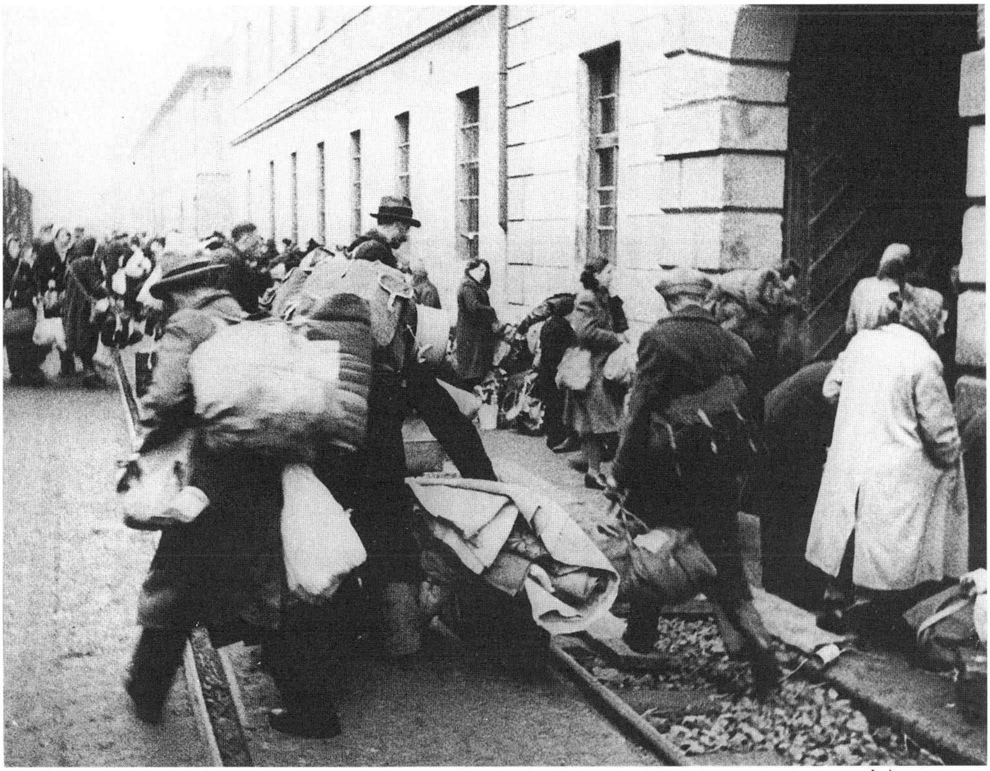

Heimliche Aufnahme des tschechischen Kameramannes Ivan Frič im KZ Theresienstadt im Februar 1944, während der Dreharbeiten zu dem Film »Der Führer schenkt den Juden eine Stadt«

Der »Mischlingsball«

Eines Tages – irgendwann im Sommer – erzählte mir Robert, er habe einen alten Schulfreund wiedergetroffen. Der sei auch in der Rosenstraße gewesen und habe ihm gesagt, daß es an jedem Samstag bei einem Ehepaar – einem »Mischehepaar« – einen Musiknachmittag mit Tanz geben würde. Da träfen sich immer so sieben, acht junge Leute. »Mischlinge« wie wir. Das zu betonen, ist eigentlich überflüssig. Denn wenn es nach der »Fabrik-Aktion« in Berlin noch junge Juden gab, die sich in der Öffentlichkeit zeigen konnten, dann handelte es sich nur um Kinder aus »Mischehen«. Ich erzählte meinen Eltern davon, und sie redeten mir zu, dahin zu gehen. Es sei sicher nicht im Sinne von Lili, wenn ich eine solche Einladung nicht annähme.

So traf ich mich an einem Samstagnachmittag im Juni 1943 mit Robert, und wir zogen zum Tanztee. Der fand bei dem Ehepaar Rosenbaum statt, gar nicht so weit von uns entfernt, in der Dahlmannstraße. Herr Rosenbaum war stark gehbehindert und konnte daher nicht zur Zwangsarbeit eingesetzt werden. Er war ein ausgezeichneter Pianist und früher Berufsmusiker gewesen. Am 27. Februar, dem Tag der »Fabrik-Aktion«, war er unter einem Vorwand aufs Polizeirevier bestellt worden. Von dort hatte ihn ein Polizist mit zwei oder drei weiteren Juden zum Lager Levetzowstraße gebracht – mit der Straßenbahn übrigens – und später dann in die Rosenstraße. Seine Frau gehörte in den nächsten Tagen zu den ganz unermüdlichen Protestiererinnen. Tag und Nacht. Bis zur Erschöpfung. Herr Rosenbaum war wie ich am 7. März in der Rosenstraße entlassen worden.

Die Rosenbaums wohnten in einer kleinen Wohnung, die ursprünglich zu einem winzigen Geschäft gehörte, einem Schneiderladen, den Frau Rosenbaum betrieben hatte. In dem Wohnraum standen ein Flügel und Sitzgelegenheiten. Merkwürdigerweise waren die Nazis noch nicht auf die Idee gekommen, den Juden die Musikinstrumente wegzunehmen. Das hatten sie wohl vergessen. Jedenfalls machte Herr Rosenbaum auf dem Flügel Musik. Seine Frau hatte sogar immer eine Kleinigkeit gebacken, und sie brachte uns sogar die ersten Tanzschritte bei. Bald hieß unsere Zusammenkunft »Mischlingsball«.

Sara

Am dritten oder vierten Samstag brachte eine Nichte von Frau Rosenbaum eine Freundin mit. Sara. Und Sara hieß tatsächlich »Sara«. Ich hatte mich sofort in sie verliebt. Ihr Vater war auch im Zuge der »Fabrik-Aktion« in der Rosenstraße gewesen. Wie meine Mutter hatte auch Saras Mutter dort protestiert. Sie selbst war am 27. Februar bei einer Straßenjagd gefangengenommen worden. Damals arbeitete sie als Zwangsarbeiterin bei der Stadtreinigung. Sie wurde aber nicht in der Rosenstraße, sondern einige Tage in einem ehemaligen jüdischen Altersheim festgehalten. Auch vor diesem Gebäude soll es Proteste von Angehörigen gegeben haben. Von dort wurde sie als »Mischling 1. Grades« entlassen.

Als ich Sara kennenlernte, schuftete sie in einer Brotfabrik. Sie hatte mal Frühschicht, mal Spätschicht, mal Nachtschicht. Ihr könnt euch vorstellen, daß wir nur ganz wenige Möglichkeiten hatten, uns zu sehen. Oft wußten wir gar nicht, wann wir uns wiedersehen würden, und mußten das mehr oder weniger dem Zufall überlassen. Einmal sahen wir uns in zwei Straßenbahnen, die aneinander vorbeifuhren.

Unseren Eltern trauten wir uns von unserer Zuneigung auch nicht zu erzählen. Das war aber kein besonderes Problem jüdischer Familien. Vielmehr galten Freundschaften zwischen Jungen und Mädchen in dem Alter als verfrüht. Verliebt zu sein – das ist im Grunde ja ein schönes Gefühl. Verliebt zu sein und beinahe nur Sehnsucht zu haben – da kann einem schon das Herz schwer werden. Aber verliebt zu sein angesichts der quälenden Ungewißheit über das letztendliche Schicksal von uns Juden, angesichts der Frage, ob die Nazis eines Tages nicht doch noch die in »Mischehen« lebenden Juden und deren Kinder deportieren würden, angesichts der lebensbedrohenden Luftangriffe und des Kriegselends, angesichts der Zwangsarbeit... – da glaubte ich oft, all diese Gefühle und Gedanken nicht mehr ertragen zu können.

Im Sommer ließen übrigens die Luftangriffe nach. Die Nächte waren zu kurz, als daß die schweren langsamen Bomber im Schutze der Dunkelheit von England nach Berlin und wieder zurück hätten fliegen können. Tagesangriffe gab es erst 1944. Vereinzelt flogen die Engländer mit kleinen schnellen Flugzeugen – »Moskitos« nannten wir sie – Angriffe auf Berlin. Die Schäden waren nicht groß, und wir hatten weniger zu tun. Es kam sogar vor, daß wir jüdischen Jungen schon am späten Nachmittag von dem Vorarbeiter nach Hause geschickt wurden. An solchen Nachmittagen habe ich oft Lebensmitteleinkäufe für die Familie erledigt.

Berlin brennt – »The Battle of Berlin« – 1943/44

Im Juli 1943 hatte es schreckliche Luftangriffe auf Köln und Hamburg gegeben. Da die Nazis wohl Ähnliches für Berlin befürchteten, begannen sie im Sommer große Teile der Bevölkerung zu evakuieren. Hunderttausende, meistens Frauen mit ihren Kindern, verließen die Stadt, um in ländlichen Gebieten Ruhe vor den Luftangriffen zu finden.
Der November brachte dann Luftangriffe in bis dahin nicht dagewesenem Ausmaß. Innerhalb von 14 Tagen, bis in die ersten Dezembertage hinein, flog die britische Luftwaffe fünf schwere Nachtangriffe. Neu war, daß sie ganz systematisch große Stadtflächen bombardierten. Von Charlottenburg bis zum Alexanderplatz. Wo die letzten Bomben gefallen waren, gingen beim nächsten Angriff die ersten nieder. Die Stadt brannte manchmal noch, wenn in der folgenden Nacht ein neuer Luftangriff geflogen wurde. Tausende von Wohnhäusern, das Geschäftsviertel des Zentrums, das Regierungsviertel, das Diplomatenviertel – alles ging in Flammen auf. Der Tiergarten, diese wunderschöne Parkanlage, glich einer zerschossenen Waldlandschaft aus dem Ersten Weltkrieg. Wir schafften es kaum noch, die Straßen von Trümmern freizumachen und die ausgebrannten Fahrzeuge wegzuräumen.

Goebbels: »Ich möchte nicht, daß Juden noch mit dem Judenstern in der Reichshauptstadt herumlaufen.«

Die Judenfrage in Berlin ist immer noch nicht ganz gelöst. Es befindet sich noch eine ganze Reihe von sogenannten »Geltungsjuden«, von Juden aus privilegierten Mischehen und auch von Juden aus Mischehen, die nicht privilegiert sind, in Berlin. Daraus entsteht eine Unmenge von außerordentlich schwerwiegenden Problemen. Jedenfalls veranlasse ich, daß alle Juden, die sich jetzt noch in Berlin befinden, einer erneuten Prüfung unterzogen werden. Ich möchte nicht, daß Juden noch mit dem Judenstern in der Reichshauptstadt herumlaufen. Entweder muß man ihnen den Judenstern nehmen und sie privilegieren, oder sie im anderen Falle endgültig aus dem Reichsgebiet evakuieren. Ich bin der Überzeugung, daß ich mit der Befreiung Berlins von den Juden eine meiner größten politischen Leistungen vollbracht habe. Wenn ich mir vorstelle, wie Berlin im Jahre 1926 aussah, als ich hierher kam, und wie es im Jahre 1943 aussieht, nachdem die Juden endgültig evakuiert werden, dann kann ich erst ermessen, was auf diesem Gebiet geleistet worden ist.

(J. Goebbels: Tagebücher 1942/43; Eintrag vom 18. April 1943)

Unser Wohngebiet, südlich der Ost/West-Strecke der S-Bahn, blieb merkwürdigerweise von diesen Flächenbombardements verschont. Von vereinzelten Treffern abgesehen. Der Dachstuhl des Hauses, in dem Sara wohnte, brannte aus. War ich aufgeregt, bis ich Sara wiedersah! Ihr war nichts geschehen.
Im Dezember wurden Robert und ich mit anderen Zwangsarbeitern für einige Monate zu Räumarbeiten in den Zoo abkommandiert. Es war auch schrecklich zu sehen, wie viele Tiere umgekommen waren.
Diese Luftangriffe waren wirklich etwas Fürchterliches. Menschen, mit denen man noch Stunden, ach, Minuten vorher gesprochen hatte, waren plötzlich tot. In den Kellern erstickt oder verbrannt oder von Trümmern erschlagen. Häuser, die man noch gesehen hatte, bevor man in einem Keller oder Bunker Schutz suchte, lagen Minuten später in Schutt und Asche.
Niemand wußte, wenn Fliegeralarm war, ob er nicht selbst bei einem Luftangriff umkommen würde. Das Leben wurde – und das galt für uns Juden ohnehin – von unendlich vielen Zufällen abhängig. Man selbst hatte einen Luftangriff überlebt, aber das Haus war zerstört worden. Im Keller eines Nachbarhauses aber waren alle Menschen unter dem Feuer erstickt. Zufall. Ein anderer Zufall: In einer Häuserreihe wurde nur ein einziges Haus getroffen. Warum gerade dieses? So geschah es mit unserem Wohnhaus in der Mommsenstraße. Das war aber erst im März 1945, als wir schon nicht mehr dort wohnten.
Und dennoch empfanden wir Juden – wir jungen Juden zumal – diese Luftangriffe nicht nur als schrecklich, denn sie ermöglichten uns – besonders in den Stunden unmittelbar danach – eine gewisse Freiheit. Überall waren noch Brände zu löschen. Verletzte und Tote wurden geborgen. In den Trümmern wühlten die Menschen nach Habseligkeiten. Die Ausgebombten suchten eine neue Bleibe. In diesen sechs, acht oder zehn Stunden nach einem Luftangriff kümmerte sich so gut wie niemand um uns Juden. Als wir das erst einmal gemerkt hatten, da trauten wir uns, keinen Judenstern zu tragen und vielleicht sogar einmal ins Kino zu gehen.
Im April 1944 war die »Battle of Berlin« nach 16 Großangriffen mit Tausenden von Bombern vorbei. Heute wissen wir, daß die Flugzeuge zur Vorbereitung der großen alliierten Offensive im Juni 1944 in der Normandie gebraucht wurden. Die Innenstadt Berlins lag quadratkilometerweise in Schutt und Asche. Aus der »Steinernen Stadt« war eine Steinwüste geworden. Tausende waren umgekommen, Zehntausende verletzt.

Greifer!

Anfang März 1944 – das war ein Jahr nach meiner Entlassung aus der Rosenstraße – wurde der Luftkrieg noch schlimmer. Tagesangriffe! An drei Tagen flogen Hunderte von amerikanischen Bombern Berlin an. Die deutsche Luftwaffe und die Luftabwehr waren den Alliierten vollkommen unterlegen. Diese Angriffe am hellichten Tage steigerten die Ängste der Menschen ins Unermeßliche. Wenn Alarm gegeben wurde, mußte jeder schnell zusehen, daß er einen halbwegs sicheren Schutz fand. Bei Nachtangriffen hielt man sich meistens in einem Wohnhaus oder auf einer Arbeitsstelle auf und kannte »seinen« Luftschutzkeller. War man aber tagsüber unterwegs, fuhr mit dem Bus oder mit der Bahn, dann ging die Rennerei um das Leben los. Denkt nur an Frauen mit Kindern, an alte Leute, an Kriegsversehrte!

An einen solchen Tagesangriff erinnere ich mich noch sehr genau. Wir saßen im Bunker am Zoo, direkt neben unserer Einsatzstelle, dem Zoologischen Garten. Wir Zwangsarbeiter in einer für uns reservierten Ecke eines großen Luftschutzraumes. Man hörte, daß der Schwerpunkt des Angriffes nicht die Zoogegend war, was sich auch sofort ein wenig auf die Stimmung im Bunker auswirkte. Robert sprach leise zu mir: »Da hinten, die blonde Frau in dem grünen Kleid, die kenn ich. Die ist Jüdin, glaube ich.« – »Ohne Stern?« – »Na ja, untergetaucht. Wir wollen mal nicht so hinsehen. Vielleicht merkt sie's.«

Wir wollten die Frau selbstverständlich nicht in Schwierigkeiten bringen, wenn sie wirklich eine illegal lebende Jüdin war. Dennoch achteten wir auf sie, als wir nach der Entwarnung den Bunker verließen. Und was tat sie? Sie sprach zwei Soldaten an, die am Bunkerausgang postiert waren. Dann ging alles sehr schnell. Die Frau deutete auf einen Mann mittleren Alters, der hinter uns ging. Die Soldaten stellten ihn. Der Mann zeigte irgendwelche Ausweispapiere. Die schienen den Soldaten nicht zu reichen. Sie führten ihn ab. Die Frau aber war plötzlich verschwunden.

»Eine Greiferin«, sagte Robert. »Meinst du?« Robert wird recht gehabt haben. Die »Greifer« – und das waren eben nicht nur Männer – sind eine schlimme Erscheinung gewesen. Sie waren Juden, die für die Gestapo arbeiteten und illegal lebende Juden ans Messer lieferten. Bevor man allerdings über diese »Greifer« ein Urteil fällt, sollte man wissen, daß sie von der Gestapo oft unter einen ungeheuren Druck gesetzt wurden. »Solange du für uns arbeitest, stellen wir dich und deine Angehörigen von den Deportationen zurück. Deine Aufgabe ist, uns monatlich einen illegal lebenden Juden

zu verraten. In jedem Monat, in dem du das nicht machst, bringen wir einen deiner Angehörigen um. Deine Eltern. Deinen Mann (oder deine Frau). Deine Kinder. Wenn du selbst untertauchst oder Selbstmord begehst, werden alle sofort deportiert.« Was sollte man da machen? Man konnte nur froh sein, wenn die Gestapo einen selbst nicht auf diese Weise in den Fängen hatte. Diese Frau, die Robert und ich beobachtet hatten – war sie nun ein Opfer oder eine Täterin? Oder beides zugleich? Wie hättet ihr als Richterin oder Richter geurteilt, wenn ihr nach dem Krieg über solche Menschen hättet zu Gericht sitzen müssen?
Dazu ist es aber nur in Einzelfällen gekommen. Denn die Gestapo hat die Juden, die für sie arbeiteten, auch deportiert. So erging es letztlich auch den Männern von Brunners Judenpolizei, über die ich schon gesprochen habe. »Der Mohr hat seine Schuldigkeit getan; der Mohr kann gehen.« Die einzige Vergünstigung war vielleicht, daß sie nach Theresienstadt kamen. Da ist es aber nicht selten vorgekommen, daß sie von ihren Opfern erkannt wurden. Und dann hat selbst die SS sie nicht vor der Wut ihrer Opfer retten können. Sie wollte es wohl auch nicht.
Ihr seht: Auch wenn jemand eindeutig ein Opfer von Gewalt ist, können sich Situationen ergeben, in denen sich auch dieser Mensch anderen Menschen gegenüber schuldig macht.
Nicht alle »Greifer« oder »Spitzel« sind allerdings von der Gestapo erpreßt worden. Manche Juden haben sich den Nazis regelrecht angedient, in der Hoffnung, so ihr Leben zu retten.
Das war und ist nach moralischen Maßstäben selbstverständlich verwerflich, dadurch und davon zu leben, daß andere sterben. Dennoch bin ich persönlich sehr zurückhaltend, diese Menschen vorbehaltlos zu verurteilen. Denkt doch nur in unserer Zeit an die Waffenproduzenten und Waffenhändler, die in unseren Gesellschaften durchaus angesehene Leute sind. Sie leben aber, ohne daß ihr eigenes Leben in irgendeiner Weise bedroht wäre, nur um des Geldes willen davon, daß andere sterben. Und sie leben sehr luxuriös und haben oft noch hohe Positionen in der Politik.

Roberts Geheimnis

Wie mir Robert später sagte, belastete ihn während all dieser Monate ein Gewissenskonflikt. Denn Robert gehörte einer kleinen illegal arbeitenden Gruppe von Juden an. Diese Gruppe war aus der jüdischen Jugendbewegung hervorgegangen. Sie hatte es sich zur Aufgabe gemacht, junge Juden, deren Eltern beispielsweise deportiert worden waren, durchzubringen. Vielfach waren diese Jungen und Mädchen aus Landwirtschaftsschulen gekommen, in denen sie sich auf ihre Auswanderung nach Palästina vorbereiten wollten. Das hatten die Nazis eine Zeitlang geduldet. In allen Fällen waren »Mischlinge« und ihr jüdischer Elternteil gefährdet, wenn sich der nichtjüdische Teil scheiden ließ. Das bedeutete unausweichlich Deportation, wenn auch nach Theresienstadt und nicht sofort in ein Vernichtungslager.
So versuchte die Gruppe um Robert, gefälschte Ausweis- und Arbeitspapiere zu beschaffen, halbwegs sichere Übernachtungsmöglichkeiten zu finden, Lebensmittel zu besorgen und vieles mehr. Diese Probleme hatte Robert immer im Kopf, wenn er mit Menschen redete. Er versuchte herauszufinden, von wem er Hilfe erwarten könnte. Untergetauchten Juden zu helfen – auch das war ein tödliches Risiko. Kein Wunder, daß es nur wenige gab, die diese Gefahr eingingen. Es gab aber auch immer weniger, die überhaupt helfen konnten. Wer ausgebombt und selbst in einer fremden Wohnung einquartiert war, konnte nicht noch ein untergetauchtes jüdisches Mädchen oder einen untergetauchten jüdischen Jungen als irgendeinen Verwandten aus einer anderen Stadt präsentieren.
Besondere Hoffnungen setzte die Gruppe immer in »Mischehe«-Familien. Hier brauchte man die Nöte der Juden nicht lang zu erklären, und dem nichtjüdischen Elternteil war es immerhin möglich, sich uneingeschränkt in Berlin zu bewegen.
Durch diesen Elternteil ergaben sich teilweise sogar Kontakte zu nichtjüdischen Familien oder einzelnen Personen. Allerdings waren die »Mischehe«-Familien praktisch sofort der Deportation – und das bedeutete den sicheren Tod – preisgegeben, wenn der Gestapo die Unterstützung von untergetauchten Juden bekannt wurde. Meistens geschah das durch Denunzierungen von Nachbarn, von »anständigen« Deutschen. Eine »Mischehe«-Familie konnte man in jedem Fall furchtloser um die Unterstützung von Illegalen bitten, weil man hier vor Verrat praktisch hundertprozentig sicher sein konnte. In diesem Zusammenhang kann ich eine Tatsache nicht ungesagt lassen: Aus der nichtjüdischen Bevölkerung waren es im Vergleich zu anderen Ländern

wie Holland oder Dänemark erschreckend wenig Menschen, die Juden halfen oder sich zu ihnen bekannten. In den meisten Fällen waren es auch gar nicht die sogenannten »besseren Kreise«, sondern Arbeiterfamilien zum Beispiel, sogar Außenseiter der Gesellschaft wie Prostituierte, Homosexuelle. Uns hat zum Beispiel eine Prostituierte das Leben gerettet. Aus den bürgerlichen Schichten waren es nur ganz wenige, die untergetauchten Juden halfen, obwohl es für sie oft viel leichter gewesen wäre.
Als ich später mit Robert darüber sprach, was ihn letztlich dazu ermutigt habe, meine Eltern um Hilfe bei der Unterstützung der illegal arbeitenden Gruppe zu helfen – Untergetauchte hießen damals »U-Boote« –, da sagte er: »Ich sah keinen Ausweg mehr. Und du hattest mir erzählt, deine Eltern hätten immer den Grundsatz vertreten, daß man sich anderen Menschen gegenüber stets so verhalten sollte, wie man selbst behandelt werden möchte.«
So saß also Robert an einem Sonntag im April 1944 bei uns in der Wohnung und erzählte leise – wir hatten ja doch noch Zwangsuntermieter, auch »Mischehe«-Familien – von dem Entstehen und der Arbeit seiner Gruppe.
Was Robert erzählte, war zunächst eine Geschichte ohne irgendwelche Besonderheiten. Ihr wißt doch sicher, was Pfadfinder sind. So etwas Ähnliches gab es auch innerhalb des Judentums in Deutschland, gerade in Berlin. Dadurch, daß die Juden mehr und mehr in die Isolierung gedrängt worden waren, hatten solche Gruppen für jüdische Kinder und Jugendliche eine große Bedeutung. Als aber die Deportationen einsetzten, schrumpften die Gruppen, manche lösten sich auf. Nicht die von Robert. Sie hatten einen sehr engagierten jungen Mann als Leiter. Samuel Engel.
Dieser Samuel Engel bekam gemeinsam mit seinen Eltern einige Wochen vor der »Fabrik-Aktion« die Aufforderung zur Deportation. Er tauchte unter. Ein Entschluß, der ihm nicht leichtgefallen war. Aber zu der Zeit gab es in seiner Gruppe schon einige Mädchen und Jungen, die illegal lebten und um die er sich bereits kümmerte. Es kam nämlich der 27. Februar 1943. Die »Fabrik-Aktion«. Dabei wurden die Nazis eben nicht aller Juden habhaft. Sie erwischten die Schichtarbeiter nicht, nicht die Kranken. Es entkamen jene, die gewarnt worden waren oder vielleicht aufgrund von Gerüchten eine Aktion gegen die Juden befürchteten. Und es gab Jugendliche, auch Kinder, deren Eltern deportiert worden waren, die den Nazi-Häschern aber aus irgendwelchen Gründen durch die Fänge gegangen ware, oder die sich versteckt hielten, als klar wurde, was sich abspielte.
So erging es auch einigen aus der Gruppe von Samuel Engel.
Man kann sich gar nicht vorstellen, was Samuel alles getan hat. Insbesondere in den ersten Tagen. Unter Zeitdruck. Die Suche nach Unterkünften. Wenigstens für die Nächte. Das Beschaffen von Lebensmitteln. Ein bißchen leichter wurde es, als nach den Entlassungen in der Rosenstraße die »Mischehe«-Familien wieder zusammenfanden. Ohne deren Hilfe hätten Hunderte in

der Illegalität gar nicht überlebt. So suchte und bekam Samuel wieder den Kontakt zu Robert und zu einigen anderen »Mischlingen« und deren Familien.
»Aber es blieb nicht bei der Zahl von fünf, sechs Untergetauchten«, erzählte Robert weiter. »In den nächsten Monaten erfuhren wir immer wieder von größeren Kindern oder Jugendlichen, die plötzlich alleine dastanden. Oder ein U-Boot brachte einfach ein anderes mit.
Bald wurde uns klar, daß es ganz unmöglich war, so viele U-Boote zu versorgen. Das überforderte unsere Kräfte und Möglichkeiten. Mädchen waren noch einigermaßen leicht unterzubringen. Aber 17-, 18- oder 20jährige Jungen, im wehrfähigen Alter also, waren immer in Gefahr, scharf kontrolliert zu werden, wenn sie sich auf den Straßen sehen ließen. Die einzige Lösung: Wir mußten Mittel und Wege finden, die Untergetauchten ins Ausland zu bringen, zumindest die Älteren. In die Schweiz. Schweden wäre auch möglich gewesen, aber die Ostsee bereitete zu große Schwierigkeiten. Jugendliche, deren Eltern deportiert worden waren, würden die Schweizer Behörden vielleicht nicht zurückschicken, wie sie es schon mit anderen Juden getan hatten. Da kam uns ein großer Zufall zu Hilfe. Wenn nicht die Zufälle wären ... Eines Tages nämlich – auf einem S-Bahnhof – hörte Samuel seinen Namen rufen. Er bekam einen riesigen Schreck, war aber gleich beruhigt, als er einen alten nichtjüdischen Bekannten, einen Nazi-Gegner erkannte. Der wiederum wußte von einem Mann, der Drucker und Schriftsetzer zugleich war und illegale Ausweispapiere für viel Geld herstellte. Er wolle seiner Familie wenigstens Geld hinterlassen, wenn die Gestapo ihn schnappen würde, sagte der Drucker – Schneider hieß er – als Begründung für seine hohen Geldforderungen.
So wurde also das Beschaffen von Geld ein weiteres Problem. Das ist manchmal schwer, manchmal leicht. Denn für viele, die Untergetauchten helfen wollen, ist es am leichtesten und gefahrlosesten, Geld zu geben.«
Und Robert fuhr fort: »Dann, im letzten November, wurde Samuel auf dem Schlesischen Bahnhof von zwei Gestapo-Männern in Zivil kontrolliert. Irgend etwas schien denen an seinen Papieren nicht zu gefallen. Samuel riskierte Kopf und Kragen, um ihnen zu entkommen. Er wollte zunächst nicht einsehen, daß er nun nicht mehr in Berlin bleiben konnte. Er mußte in die Schweiz entkommen. Länger als eine Woche hielt er sich versteckt, bis Schneider neue Papiere für ihn hatte. Seither organisiere ich alles für die U-Boote. Im Moment sind es fünf. Manches ist leichter, weil ich ja nicht illegal lebe wie Samuel. Meine Eltern wissen das natürlich. Sie haben aber große Ängste um mich.«
Meine Mutter fiel Robert beinahe noch ins Wort: »Gott, Robert, was ihr alles mitmacht. Wenn euch die Nazis schon nicht ermorden, so stehlen sie euch doch eure Jugend. Zwangsarbeit. Untergrund. Und wenn ihr auch

durchkommt – wie werdet ihr mit all dem, was ihr erlebt habt, später überhaupt leben können?«
»Und wie können wir euch helfen?« wollte mein Vater wissen. »Da ist eine ganz große Schwierigkeit«, redete Robert weiter. »Vor vier Tagen klingelte es abends an unserer Tür. Wir bekamen einen riesigen Schrecken, wie immer, wenn man niemanden erwartet. Vor der Tür standen zwei Männer. Der eine sagte, sie seien Kuriere und sollten einen Koffer mit Geld abgeben. Meine Mutter bestand heftig darauf, daß es sich um einen Irrtum handeln müsse. Mir kam sofort Samuel in den Sinn. Sollte es ihm tatsächlich gelungen sein, Geld zu besorgen und uns zu schicken? Ich mischte mich ein und konnte meine Eltern schließlich überreden, den Koffer zu nehmen. Als wir den Koffer öffneten, durchfuhr uns ein erneuter Schrecken. Meine Mutter brach sofort in Tränen aus. Da lagen bündelweise neue 100-Reichsmark-Scheine. Das Geld haben wir, so gut es geht, in unserer Wohnung versteckt. Da kann es aber nicht bleiben, denn meine Mutter hat wahnsinnige Angst. Sie will damit nichts zu tun haben.«
Wir überlegten gemeinsam. Das kleine Gartengrundstück von Tante Luise an der S-Bahn-Strecke kurz vor dem Bahnhof Mariendorf fiel uns ein. Diese Kleingartenkolonien mit Wochenendhäuschen waren für viele Menschen, die ausgebombt waren, zur Bleibe geworden. Und so klein die Gärten auch sein mochten, Kartoffeln und Gemüse konnte man immer anpflanzen.

Es gibt kein fremdes Leid

So standen wir – meine Mutter, mein Vater und ich – plötzlich mitten in der illegalen Tätigkeit, im Kampf für das Überleben von untergetauchten Juden. Eine tödliche Gefährdung für uns alle! Nach den Ereignissen in der Rosenstraße schien es immerhin einen gewissen Schutz für »Mischehen« und deren Kinder zu geben. Aber eben nur dann, wenn sie nicht weiter auffielen, wenn sie brav die antijüdischen Anordnungen beachteten und ihre Zwangsarbeit verrichteten. So haben in Berlin einige tausend Juden die Kriegszeit und damit auch die Nazi-Herrschaft überlebt.

Es gab mehrere hundert Nichtjuden, die untergetauchten Juden halfen. Auch Christen, die das Gebot der Nächstenliebe, das übrigens auch ein sehr wichtiges Gebot in der jüdischen Religion ist, sehr ernst nahmen. Und es gab eben jene nichtdeportierten Juden, die ihre Glaubensbrüder und Glaubensschwestern unterstützten. Manchmal war es von einem Zufall abhängig, ob jemand vor die Fragen gestellt wurde: Machst du dabei mit, Untergetauchten zu helfen? Bringst du dich in Lebensgefahr? Oder hältst du dich da raus? Bei einer solchen Entscheidung kam für die meisten Menschen noch hinzu, daß ihre Angehörigen ebenfalls gefährdet wurden.

»Wenn es um das Leben von Juden geht, dann kann es für uns kein fremdes Leid geben. Keine Not, die uns nichts angeht.« Das hatte meine Mutter sehr bestimmt gesagt, als Robert die Gefährdung ansprach, der wir nun ausgesetzt waren. Durch die Entscheidung kam neue Unsicherheit, neue Gefahr in unser Leben. Wenn die Gruppe auffliegen würde, hätte das unser Ende bedeutet. Normalerweise jedenfalls.

Mein Vater wurde so etwas wie der Finanzminister von Roberts Gruppe. Noch zwei- oder dreimal erhielten wir durch Kuriere mit Diplomatenstatus aus der Schweiz eine große Summe Geld. Wir versteckten es wieder in der Laube meiner Tante. Wenn etwas gebraucht wurde, holte meist meine Mutter das Geld, und ich übergab es Robert. Später habe ich es manchmal direkt zu einem Bäcker gebracht, der die Gruppe mit Brot versorgte.

Wochenlang, monatelang ging alles gut. Dabei kam uns zugute, daß die Situation in Berlin immer unübersichtlicher wurde. Die Kriegswirren dürften es auch der Gestapo erschwert haben, die Menschen in der Stadt zu kontrollieren. Dann kam der 6. Juni 1944. Die westlichen Alliierten begannen die Invasion in der Normandie. Wie ein Lauffeuer verbreitete sich diese Nachricht. Und als klar wurde, daß die Nazi-Armee weiter und weiter zurückgeworfen wurde, waren wir sicher: Das war der Anfang vom Ende der Nazi-Herrschaft. Es war auch ganz auffällig, daß immer weniger Leute in der Öffentlichkeit ihr Parteiabzeichen trugen. Die Normandie aber lag tausend Kilometer und mehr von Berlin entfernt. Es würde unendlich lange dauern, bis die Alliierten das Reichsgebiet erreicht und erobert haben würden. Für uns und alle Nazi-Gegner eine Ewigkeit.

Jizchak Schwersenz leitete den ***Chug Chaluzi****, eine Widerstandsgruppe jüdischer Jugendlicher, die sich der Deportation entzogen hatten. Auf der Abbildung Jizchak Schwersenz mit seinen Schülern beim Arbeitseinsatz am Wannsee, Juni 1942.*

»Die Frau meiner Träume«

Ich habe ja schon erzählt, daß wir riskiert haben, in die Oper oder in ein Konzert zu gehen. Ohne »Judenstern« selbstverständlich. Manchmal sind wir auch einfach so ins Kino gegangen. Wir haben wegen der banalsten Filme tatsächlich unser Leben aufs Spiel gesetzt. Einen bestimmten Tag werde ich nie vergessen.

Marika Rökk war damals ein ganz großer Filmstar. Sie hat in vielen dieser Musik- und Revuefilme Hauptrollen gespielt, die die Nazis zur Ablenkung und Unterhaltung der Bevölkerung drehen ließen. Eine simple Handlung, meistens eine Liebesgeschichte, mit Schlagern und Tanzszenen. Von ihrem Film »Die Frau meiner Träume« sprach damals ganz Berlin. Wir Jungen träumten natürlich auch von Marika Rökk. Und eines Tages hatten Robert und ich beschlossen, um 18 Uhr nach Arbeitsschluß in die »Filmbühne Wien« zu gehen. Wirklich verrückt, denn hätte man uns erwischt, wären wir sofort in den Osten deportiert worden.

Als wir das Kino nach der Vorstellung verließen, rutschte uns dann auch das Herz in die Hose. Auf dem Kurfürstendamm Soldaten in Kampfausrüstung. Militärwagen mit Maschinengewehren rasten die Straße entlang. Wir beruhigten uns schnell. Für zwei jüdische Jungen ohne Stern wäre das etwas zu viel Aufwand gewesen. Den Grund für dieses Schauspiel erfuhren wir schnell. »Die Frau meiner Träume« sahen wir am 20. Juli 1944, dem Tag des Stauffenberg-Attentats auf Hitler.

Wenn dieses Attentat und der Staatsstreich geglückt wären, so hätte das für die noch lebenden Juden wahrscheinlich die Erlösung bedeutet. Aber der größte Teil der Deutschen hatte zu diesem Zeitpunkt wohl gar nicht den Willen, sich von dieser Diktatur zu befreien.

Für uns Juden war der mißglückte Staatsstreich vom 20. Juli 1944 ein erschreckendes Zeichen dafür, wie gefestigt die Nazi-Herrschaft doch noch immer war.

Die Sache mit Schneider

Im September 1944 entgingen wir nur knapp der Gestapo. Nach Arbeitsschluß sagte Robert zu mir: »Es gibt eine Schwierigkeit. Wir haben niemanden, mit dem sich Schneider treffen könnte, um die Ausweise zu übernehmen. Ich hätte es schon zu oft gemacht, meint er. Meinst du, deine Mutter würde es tun?« Es war klar: Sie würde es machen. »Ich habe mit Schneider die Übergabe Samstagnacht vor der Oper verabredet«, offenbarte uns Robert. »Vor der Oper? Unter den Linden? Nachts? In aller Öffentlichkeit?« meinte mein Vater ein wenig irritiert. »Ist denn das so ungünstig?« erwiderte Robert. »Da steht doch in der Nacht zum Sonntag immer die Schlange.«
Richtig. Die Opernkasse öffnete Sonntag morgen um 8 Uhr. Die Karten für die folgende Woche wurden verkauft. Sie waren sehr begehrt, denn es gab während des Krieges immer weniger kulturelle Veranstaltungen. Schon am Samstagabend kamen daher viele Menschen zur Opernkasse und stellten sich über Nacht an, oft Hunderte, ausgerüstet mit Schemeln und Decken. Robert wußte, daß es auch für Untergetauchte eine einigermaßen gefahrlose Möglichkeit war, in dieser Menschenschlange eine Nacht zu verbringen. Anscheinend kam die Gestapo nie auf die Idee, dort nach Illegalen zu suchen.

So überzeugte Robert meine Mutter. Aber es blieb uns ohnehin keine andere Wahl, denn man hätte mit Schneider wohl nicht über einen anderen Übergabeort verhandeln können. Mein Vater holte am frühen Samstagabend aus der Laube das Geld und übergab das »Stullenpaket« meiner Mutter am S-Bahnhof Charlottenburg. Am späten Sonntagvormittag kam meine Mutter zurück. Schneider war nicht aufgetaucht. »Das ist kein gutes Zeichen. Wir müssen uns auf das Schlimmste gefaßt machen«, sorgte sich mein Vater. Hatte die Gestapo Schneider erwischt? Würde er die Gruppe verraten? Wer konnte schon den Folterungen widerstehen!

Robert wurde ganz blaß, als ich ihm davon erzählte. »Da muß ich Klarheit haben.« Und die verschaffte er sich. Die Gestapo hatte Schneider tatsächlich erwischt. Sicher hatte er nicht nur für uns gearbeitet. Bevor die Beamten ihn aber verhaften konnten, hatte er Gift geschluckt. Wie es seiner Frau ergangen ist, weiß ich nicht. Obwohl die Gestapo Schneider tot auffand, fühlten wir uns noch tagelang unsicher. Jeden Moment waren wir darauf gefaßt, von der Gestapo abgeholt zu werden. Aber es geschah nichts. Ohne gefälschte Arbeitsbescheinigungen und Ausweispapiere war es allerdings viel schwieriger geworden, den Untergetauchten zu helfen.

David taucht auf

Ende Januar 1945 – eine Zeit ohne Bombenangriffe. »Die Alliierten werden bald hier sein und wollen selbst noch in ein paar Häusern wohnen«, vermutete einer der Zwangsarbeiter. Das war ein Irrtum.

Eines Tages saßen Robert und ich in der Essenspause bequem in den Trümmern. »Jemand hat einen neuen mitgebracht«, sagte Robert. »In einem Keller hat er ihn getroffen, in dem er sich selbst verstecken wollte. Beide haben einen mächtigen Schrecken bekommen. David heißt er. David Hildesheim.« – »Mensch, Robert, den kenn ich. Der war in meiner Klasse.« – »Ganz traurig. Mischehe. Die Mutter hat die Nerven verloren und ist abgehauen. Die Gestapo hatte das sofort spitzbekommen und wollte beide nach Theresienstadt deportieren. Kurz davor sind sie untergetaucht. Irgendwie haben sie sich aus den Augen verloren. David hat sich sogar schon einige Male in die versiegelte Wohnung geschlichen, um einmal halbwegs schlafen zu können. Tollkühn – oder wahnsinnig. Kann er nicht mal bei euch schlafen, bis ich etwas gefunden habe?«

Für eine Nacht oder zwei war das kein so großes Problem. In unserer Wohnung lebten doch zwei »Mischehepaare«, eines mit Kind. Es konnte gut sein, daß noch ein weiterer Jude bei uns eingewiesen worden war. Nach außen sah das also nicht sonderlich verdächtig aus. Nur wenn die Gestapo kontrollieren würde – und das machte sie nach Lust und Laune –, dann wären wir aufgeflogen. So schleuste ich David kurz vor der Sperrstunde um 20 Uhr in unsere Wohnung ein. Es war der Tag, an dem die Nazis noch einmal ihre Machtübernahme im Jahre 1933 feierten. Der 30. Januar 1945. Ein letztes Mal gab es große Sprüche.

Hilde – eine unbekannte Heldin

Dummerweise fand Robert kein anderes Quartier. »Es kommt gar nicht in Frage, David, daß du uns verläßt und nicht weißt wohin«, bestimmten meine Eltern. Selbstverständlich waren wir uns alle im klaren, welch ein großes Risiko es war, als David auch eine dritte Nacht in unserer Wohnung blieb.

»Die dritte Nacht, Robert.« – »Ja, das weiß ich doch. Es ist seit Wochen wie verhext. Es gibt keine Quartiere. Ich suche und suche. Meine Abendbeschäftigung. Was finde ich? Zerbombte Häuser. Und die Leute sind nicht aufzufinden. Aber die haben sowieso keine Übernachtungsmöglichkeiten mehr für uns. Heute abend probier ich es mal wieder bei Hilde.« Der Name war neu für mich. »Hilde wohnt am Alex. Sie ist eine Dirne.« Ich muß ziemlich sprachlos ausgesehen haben. Es war noch gar nicht lange her, da hätte ich nicht gewußt, was eine Dirne ist. Damals sprach man über diese Erscheinungen bei weitem nicht so offen wie heute. Schon gar nicht unter Jugendlichen. Hinzu kam: Die Prostitution paßte nicht in das Bild der Nazi-Volksgemeinschaft, in der ja die Familie zur Erhaltung der Rasse und des Volkes eine große Rolle spielte.

»Hilde ist ein Kontakt aus der Zeit, als Samuel untergetaucht war. Eines Abends – er wollte vom Alex aus mit der S-Bahn fahren – wäre er beinahe früheren Nachbarn, die alte Nazis waren, in die Arme gelaufen. Da hat er sich schnell umgedreht und eine Dirne angesprochen, die dort zufällig rumstand. Das war Hilde. Irgendwie hatte Samuel das Gefühl, der Dirne die Situation ungeschminkt erklären zu können. Sein Gefühl hat ihn auch nicht getrogen. Und diese Hilde hat dann gesagt: ›Wenn du mal keine Unterkunft hast, kannst du dich bei mir immer verstecken. Bei mir gehen so viele Männer ein und aus.‹ Als wir dann Wochen später einen Jungen nirgendwo unterbringen konnten, erinnerte sich Samuel an Hilde. Und es hat geklappt. Jetzt halte ich den Kontakt zu Hilde. Stell dir vor: Die will kein Geld fürs Verstecken. Davon habe sie genug, sagt sie jedesmal.« David verbrachte noch einmal eine Nacht bei uns. Am anderen Tag konnte er zu Hilde. Das war der 3. Februar 1945. Ein Samstag.

An diesem Tag flogen die Amerikaner einen Tagesangriff auf Berlin – es war der schwerste Luftangriff des Krieges überhaupt. Beinahe tausend Bomber und Hunderte von Jagdflugzeugen. Es hatte lange Zeit keinen Luftangriff mehr gegeben. Die Stadt war voller Flüchtlinge aus dem Osten, für die es praktisch keine Luftschutzkeller gab. Der Angriff dauerte kaum eine Stunde,

aber in dieser Zeit wurde die alte Innenstadt Berlins völlig zerstört. Dabei – glaube ich – auch das Gebäude in der Rosenstraße, unser Gefängnis im März 1943. Heute ist an jener Stelle eine Grünfläche, davor Parkplätze.
An diesem 3. Februar arbeitete unsere Trümmerkolonne wieder in der Zoogegend. Nach der Entwarnung wurden wir noch nach Kreuzberg geschickt, wo es lichterloh brannte. Spät abends kam ich nach Hause. Wenn ich sagen würde, daß meine Eltern sich Sorgen gemacht hatten, dann entspricht das kaum der Situation. Es waren immer sogleich Ängste. Das Schlimmste anzunehmen, wenn jemand nach einem Bombenangriff nicht zur gewohnten Zeit nach Hause kam, war nicht übertrieben.
Gerade wollten wir uns zum Schlafen hinlegen, als es klingelte. Mehrmals sehr lang. Ich hörte meine Mutter auf dem Flur sagen: »Elf Uhr. Wer kann das nur sein...?« Durch den Türspalt sah ich meinen Vater die Etagentür öffnen. Da stand eine Frau. Offensichtlich in großer Erregung. Schnell trat ich hinzu. »Ich bin Hilde«, sagte sie zu meinem Vater. »Kommen Sie rein. Schnell.« – »Mein Quartier hat einen Treffer bekommen. Der David ist raus und geradewegs zwei Feldjägern in die Arme gelaufen.« Jeder von uns wußte sofort, was das bedeutete. Wenn die Gestapo David in die Hände bekommen hatte, würde es nur eine Frage der Zeit sein, bis sie bei uns vor der Tür stehen würde. Deportation! »Gott, der arme David!« – »Und Sie«, wandte sich mein Vater an Hilde, »sind nur zu uns gekommen, um das zu sagen?« Hilde nickte: »Ich muß jetzt aber weg.« Dann war sie auch schon auf der Treppe und lief hinunter. Mein Vater war nicht mehr fähig, ein Wort hervorzubringen. Erstarrt schüttelte er nur ganz leicht seinen Kopf, bis meine Mutter seinen Namen rief: »Emil! Emil, wir müssen los.«
Nach dem Krieg haben meine Eltern versucht, Hilde zu finden. Ohne Erfolg.

Der Weg in die Illegalität

Alles ging sehr schnell. Ich war darüber zunächst ganz erstaunt, bis ich mitbekam, daß meine Eltern für diese Situation offensichtlich alles gut vorbereitet hatten. »Vielleicht kommen wir ja wieder einmal in unsere Wohnung zurück«, meinte meine Mutter noch, als wir die Tür leise schlossen. Das hätte auch so sein können, wenn nicht ausgerechnet unser Haus – als einziges in der ganzen Reihe – im März 1945 einen Bombentreffer abbekommen hätte. Dabei kamen auch unsere jüdischen Zwangsuntermieter um, die sich während der ganzen Zeit, als Hilde da war, ruhig verhalten hatten. Es war ja auch besser, wenn sie nichts wußten.
In den ersten Stunden nach einem Luftangriff oder auch noch am Tag darauf war es überhaupt nichts Besonderes, wenn man mit Koffern oder einem Rucksack durch die Straßen lief. Hunderte, Tausende waren ausgebombt und suchten eine neue Bleibe. Daher konnten wir auch einigermaßen sicher sein, mit unserem Gepäck nicht sonderlich aufzufallen. Jedenfalls nicht, sobald wir den S-Bahnhof Charlottenburg – wir brauchten sieben, acht Minuten – erreicht hatten. Ganz merkwürdig war es für mich, meinen Vater in der Öffentlichkeit ohne »Judenstern« zu sehen und selbst keinen zu tragen.
Wir hatten großes Glück, denn der S-Bahn-Betrieb hatte wieder begonnen. Deshalb war sie auch entsprechend voll. Menschen mit Gepäck. Westkreuz umsteigen. Noch einmal Papestraße. So kamen wir ohne Zwischenfälle zum S-Bahnhof Lankwitz, in dessen Nähe meine Tante Luise wohnte. Dorthin führte nämlich unser Weg. Das heißt, nicht direkt. Vom Bahnhof aus wählte mein Vater mehrere Telefonnummern, bis er eine Verbindung bekam. Das war natürlich auch ein glücklicher Zufall, denn bei jedem Luftangriff wurden zahllose Telefonanschlüsse unterbrochen. Wir gingen danach noch ungefähr einen Kilometer, kamen zu einem zweigeschossigen Mietshaus und klingelten bei wildfremden Menschen, einem älteren Ehepaar. Obwohl es Nacht war, wurden wir ganz herzlich aufgenommen. Am anderen Morgen – es war Sonntag – kam meine Tante. Ich will es kurz machen: Dieses alte Ehepaar gehörte zu einem Kreise von Freunden und Bekannten, die Verfolgten halfen, meistens untergetauchten Juden. Auch meine Tante gehörte dazu, was mir meine Eltern jedoch nie gesagt hatten.
Wir erzählten, was uns zum Untertauchen gezwungen hatte, und wir sprachen auch über diesen schlimmen Luftangriff, in den so viele Flüchtlinge aus den Ostgebieten schutzlos hineingeraten waren. »Nun wollen wir mal

Kriegsrat halten«, so leitete meine Tante, das Wort »wir« betonend, dazu über, wie denn nun unser Überleben in der Illegalität organisiert werden könnte. »Die paar Wochen, die das alles noch dauern wird, werdet ihr schon durchkommen.«

Für meine Mutter bot sich eine günstige Lösung an. Für Frauen und Mädchen war es oft leichter als für Männer, irgendwo illegal zu leben. Meine Mutter konnte in Zehlendorf bei zwei alten Damen, der Witwe eines Pastors und deren Schwester, als Haushälterin getarnt, unterkommen. Ausweispapiere würden sich auch finden. Für meinen Vater und für mich, also zwei Männer im wehrfähigen Alter, sah alles viel, viel schwieriger aus. Solange wir mit dem »Judenstern« herumgelaufen waren, hatte das keine Bedeutung gehabt. Vielleicht war es doch unüberlegt von uns gewesen, unsere Kleidung mit dem Judenstern zurückzulassen. Für mich war ganz wichtig, Robert zu treffen. Das hatten wir abgemacht für den Fall, daß einer von uns nicht bei der Arbeit erscheinen würde. Am dritten Tag am S-Bahnhof Westkreuz. Ab 18 Uhr halbstündlich. Robert hatte noch die Sperrzeit für Juden ab 20 Uhr zu beachten. Selbstverständlich durften wir uns nicht in aller Öffentlichkeit begrüßen. Nein. Wir würden dann getrennt, aber in einem S-Bahn-Wagen, in die zerbombte Innenstadt fahren und in einem Ruinenkeller, den Robert vorher ausgekundschaftet hatte, zusammentreffen. Robert würde schon irgendein Ausweispapier für mich besorgt haben. Bis zu diesem Treff mit Robert mußte ich mich versteckt halten. Verwandte des Ehepaares, bei dem wir gerade saßen, würden mich aufnehmen.

Mein Vater glaubte, zunächst einmal bei einem alten nichtjüdischen Arbeitskollegen, einem Kommunisten, ein Versteck finden zu können. Der hatte ihm das selbst angeboten. »Wenn du mal untertauchen mußt, kannst du zu uns kommen. Meine Frau und ich sind alt. Was riskieren wir denn schon ...«, hatte der gemeint. Von dort aus wollte er Kontakte zu einigen Freunden und guten Bekannten aufnehmen.

Schließlich verabredeten wir drei – meine Mutter, mein Vater und ich –, uns am folgenden Sonntag bei dem alten Ehepaar zu treffen. Vorher mußten wir meine Tante auf ihrer Arbeitsstelle anrufen und uns erkundigen, ob alles in Ordnung sei. Meine Tante arbeitete in einem Geschäft für Molkereiprodukte in Steglitz. Sie gab mir noch einen Ratschlag mit auf den Weg: »Hans, du darfst nicht vergessen, du bist am gefährdetsten. Du bist ein gefundenes Fressen für alle möglichen Kontrollen. Du solltest dir angewöhnen zu hinken.« Das machte ich dann auch. Mir tat nach einigen Stunden richtig mein Bein weh.

Ihr könnt euch wohl vorstellen, wie schwer es ist, sich zu trennen, und nicht zu wissen, ob man sich je wiedersieht. So wie mit Sara erging es mir nun auch mit meinen Eltern.

Wir sahen uns aber wieder. Auch die Verabredung mit Robert klappte.

Robert konnte mir allerdings keinen Ausweis, sondern nur eine gefälschte Arbeitsbescheinigung geben. Immerhin mit dem guten Namen »Daimler Benz« in Marienfelde. Das war ein ganz kriegswichtiger Betrieb. Ich hieß »Otto Beier« und war Werkzeugmacher.
Robert gab mir zuerst den Rat, den Jüdischen Friedhof in Weißensee nicht mehr als Versteck zu benutzen. Das hatten viele Untergetauchte getan. Die Wege dorthin würden verstärkt kontrolliert, und es seien schon einige erwischt worden. Ich konnte bei einer Frau unterkommen, die wir »Spanierin« nannten. Sie war eine deutsche Jüdin, die einen Spanier geheiratet hatte und auch die spanische Staatsangehörigkeit besaß. Ihr Mann lebte zwar nicht mehr, aber sie war nie von der Gestapo behelligt worden. Nach zwei Nächten bei der »Spanierin« vermittelte sie mich an eine Familie, wo ich eine Nacht verbringen konnte. So wurde ich sozusagen immer weitergereicht.
Unser Wiedersehen am Sonntag klappte auch. Mein Vater hielt sich bei einem alten Bekannten in Potsdam auf. Wenn sich für eine Nacht oder auch für zwei einmal kein Quartier fand – das geschah einige Male –, dann blieb mir nichts anderes übrig, als die Nacht auf den Straßen Berlins zu verbringen. Im Sommer hätte ich mich in der Umgebung Berlins, in den Wäldern, verstecken können, denn da lebten ohnehin viele Ausgebombte. Aber im Winter konnte man auf diese Weise nur erfrieren.

Straßennacht

Eine typische »Straßennacht« sah ungefähr so aus: Bis Mitternacht fuhr ich mit der S-Bahn und mit der U-Bahn hin und her. Ich durfte selbstverständlich keine Linien fahren, die völlig außerhalb meines scheinbaren Wohnsitzes und meiner angeblichen Arbeitsstelle lagen. Wenn ich im Norden, etwa in Frohnau, an der Endstation der S-Bahn kontrolliert worden wäre, hätte ich kaum glaubwürdig behaupten können, auf dem Weg zu meiner angeblichen Arbeitsstelle im Süden, in Marienfelde, zu sein.
Nach Mitternacht stieg ich auf die Nachtlinien der Straßenbahn um. Da durfte ich dann nicht mit dem gleichen Wagen zurückfahren. Entweder lief ich zu einer anderen Endstation, was zwar ein zusätzliches Risiko war, oder ich hielt mich in der Nähe der Endstation auf. Ich vermied jegliches Auffallen und fuhr mit der nächsten Bahn wieder zurück in die Stadt.
Damals gab es noch viele Buden und Kaffeestuben, die sehr früh öffneten, um 5 oder 6 Uhr. Da konnte man sich frisch machen und einen Kaffee – Kaffee-Ersatz vielmehr – trinken. Nur, lange durfte man sich dort nicht aufhalten.
Tagsüber war das Leben viel leichter. Gerade in den letzten Kriegswochen zogen Tausende, Zehntausende von Menschen täglich durch die Stadt. Flüchtlinge, Ausgebombte, Soldaten. Überall Ruinen. Alle Fernbahnhöfe waren Endbahnhöfe, Sackbahnhöfe. Zum Umsteigen mußte man oft quer durch die Stadt gehen. Solange der Stadtverkehr funktionierte, war das keine so große Schwierigkeit, aber in der völlig zerbombten Stadt mußte man lange Strecken zu Fuß zurücklegen. Die meisten Menschen hatten viel Gepäck. Auch war der Verkehr noch nicht so weit motorisiert wie heute. Für Transporte wurden häufig noch Pferdewagen benutzt. Es gab stundenlange Staus.
Ich hatte oft wahnsinniges Glück. Ich sah nur, daß andere kontrolliert wurden. Einmal – am Anhalter Bahnhof – ein Mann am Nebentisch. Der grüßte zwar forsch mit »Heil Hitler!«, seine Papiere schienen aber nicht in Ordnung zu sein. Er wehrte sich wild, als ihn die Wehrmachtsstreife abführte. Wenn bei diesem Mann alles gestimmt hätte, wäre ich als nächster überprüft worden. Hätte die Gestapo sich mit meiner Arbeitsbescheinigung zufriedengegeben?
Es waren fürchterliche Wochen. Und dann wurden wir schließlich doch erwischt. Mein Vater und ich. Ich lebte damals immer nur auf ein Ziel hin: das nächste verabredete Treffen mit Robert und mit meinen Eltern. Mal in

irgendeiner Wohnung, dann auf einem Umsteigebahnhof der S-Bahn oder der U-Bahn, dann vor einem Kino. Ich habe in diesen Wochen erlebt, was andere monatelang durchgehalten haben. In vielen Fällen sogar Jahre. Tausende von Juden waren irgendwann einmal untergetaucht. Die meisten von ihnen wurden von der Gestapo früher oder später erwischt. Etwa 1400 sollen illegal überlebt haben. Da hat jede Jüdin, jeder Jude eine eigene Geschichte. Diese Geschichten haben Ähnlichkeiten – aber auch fast immer irgend etwas Besonderes. Einmaliges. Ich habe aber auch leichtsinnig mein Leben riskiert. Aus lauter Liebe, nur um Sara einmal sehen zu können. Ich fuhr in die Nähe der Brotfabrik, in der sie arbeitete, oder zum S-Bahnhof Charlottenburg und beobachtete sie aus der Ferne. Ich hatte ja viel Zeit. Das war nun allerdings unsere alte Wohngegend. Ich hatte mir zwar die Haare anders gekämmt, und dennoch hätte mich wohl jemand erkennen können.
Immer wenn ich Sara sah, war ich sicher, daß sie an mich denken würde. Und weil ich mich ihr in diesen Minuten ganz nahe fühlte, waren wir auf eine seltsame Art miteinander verbunden.

Wieder gefangen!

Als ich in der vorletzten Märzwoche mit Robert zusammentraf, erzählte er, daß unser Wohnhaus in der Mommsenstraße einen Treffer abbekommen hatte. Die Häuser ringsherum waren unbeschädigt geblieben. Die Nachricht berührte mich nicht sonderlich. Nach dem Kurzbericht über den Frontverlauf – Robert hörte regelmäßig die deutschsprachigen Sendungen der BBC – brachte er dann ein Problem vor. »Wir brauchen dringend Geld. Wir müssen Brot kaufen. Sonst verhungern uns ein paar Versteckte. Du, Hans, kennst den Bäcker. Und er kennt dich. Du brauchst nur das Geld abzuliefern. 5000 Mark. Das Brot holen wir dann nach und nach ab. Wie immer.« – »Als ich im Januar den Geldboten gemacht habe, war ich noch ein legal lebender Jude. Jetzt hinke ich als Illegaler durch Berlin.« – »Für uns alle ist es viel gefährlicher geworden.« – »Ich kann meinem Vater das erst am Samstag sagen.« – »Dann kann der Bäcker das Geld also am Sonntag haben ...« – »Mal sehen.«
»Gut, daß morgen Sonntag ist«, war die Reaktion meines Vaters. »Da haben doch mehr Männer arbeitsfrei, und man fällt im Straßenbild weniger auf.«
Wir verabredeten uns am U-Bahnhof Wittenbergplatz. Mein Vater sollte das Geld aus der Laube in Mariendorf holen und mir übergeben. Vom Wittenbergplatz war es nicht weit bis zum Bäcker in der Fuggerstraße. Mein Vater hatte das Geld in Zeitungspapier eingewickelt. Er gab mir das eine der Päckchen, beim zweiten zögerte er. »Ich komme mit. Ein Stück.« Und dann steckte er das zweite Päckchen wieder ein.
Wir gingen gerade am KaDeWe vorbei, als wir von hinten von zwei SA-Männern in Uniform angesprochen wurden. »Folgen Sie uns! Zur Polizeiwache!« Ich wollte nichts unversucht lassen: »Was wollen Sie von uns?« – »Halt die Klappe, Junge! Mitkommen!« Wir gingen bis zur Kalkreuthstraße. Noch heute ist dort ein Polizeirevier. »Wachtmeister, überprüfen Sie die Identität dieser beiden Männer! Heil Hitler!«
Der Wachtmeister gehörte nicht zu den scharfen Typen. »Was soll ich? Ihre Identität überprüfen? Na, dann überprüfen wir mal!« – »Daraus wird wohl nichts«, gestand mein Vater sofort, »wir sind untergetauchte Juden.« – »Ach, du meine Güte! Da kann ich nicht viel für Sie tun. Ich habe strengste Anweisung, sofort die Gestapo anzurufen. Wie heißen Sie denn?« Am anderen Ende der Leitung hörten wir die brüllende Stimme: »Juden! Unbedingt festhalten! Wir sind sofort da.« – »Na, dann setzen Sie sich mal«, sagte der Wachtmeister.
Warum waren wir angehalten worden? Hatte uns ein jüdischer Spitzel gesehen? Oder Leute aus unserer alten Wohngegend? Oder waren wir einfach

aufgefallen, weil wir zwei Männer im wehrfähigen Alter waren und mein Hinken möglicherweise nicht so überzeugend war? Dann wäre es tatsächlich sicherer gewesen, wenn wir einen Judenstern getragen hätten. Wir haben den Grund nie erfahren.
Da saßen wir nun. Die ganze Zeit dachte ich an das Geld, das wir bei uns trugen. Mir kam eine Idee. »Herr Wachtmeister, darf ich mal austreten?« – »Aber klar, Junge, auf dem Flur hinten rechts.« Auf dem Klo habe ich die druckfrischen Scheine kleingerissen und weggespült und auch meine gefälschte Arbeitsbescheinigung. Die nutzte ohnehin nichts mehr. Wenn die Gestapo sie aber bei mir finden würde, dann hätte ich auch etwas über ihre Herkunft sagen müssen.
Als ich wieder neben meinem Vater saß, habe ich ihm zu verstehen gegeben, was ich gemacht hatte. »Herr Wachtmeister, ich muß auch mal...«
Mein Vater kam zurück und nickte mir zu. Aber meine Erleichterung schwand sofort wieder, als ich an das Foto von Sara dachte. Das durfte die Gestapo bei mir nicht finden. »Herr Wachtmeister, kann ich nochmal zum Klo?« – »Die Sache ist dir wohl auf den Magen geschlagen, was Kleiner?« Daß ich das Foto vergessen hatte, war ein Glück für uns, denn im Klo schwammen die Hunderter. Mein Vater hatte in seiner Aufregung nicht daran gedacht, die Scheine ausreichend kleinzureißen. Also krempelte ich meine Ärmel hoch und drückte die Geldscheine durch die Spülung. Beinahe hätte ich dann vergessen, das Foto zu vernichten. Das fiel mir sehr schwer.
Kaum war ich zurück, da kamen auch schon zwei Gestapo-Leute. Mit einem dieser berüchtigten Gestapo-Wagen wurden wir zur Schulstraße, zum Jüdischen Krankenhaus, gefahren. In einem Gebäude war jetzt ein Gefängnis für untergetauchte Juden, die man erwischt hatte, eingerichtet und für Juden, die anderen Juden geholfen hatten. Mehrere hundert Menschen waren dort. Von der SS bewacht.
Mein Vater und ich wurden zu dem Kommandanten – SS-Hauptscharführer Walter Dobberke – gebracht. Der hatte noch kein Wort gesagt, als er meinen Vater vor meinen Augen in brutalster Weise zusammenschlug. Ohnmächtige Wut kam in mir hoch. »So, Jude, nun erzähl mir mal, wo deine Frau ist und wo ihr in den vergangenen Wochen gewesen seid!« herrschte er meinen Vater an.
»Meine Frau hat sich sofort von uns getrennt. Sie wollte zu Freunden nach Schweden.« Da war meinem Vater etwas Gutes eingefallen. Es war jetzt wenig wahrscheinlich, daß man meine Mutter in Berlin suchen würde. Wenn man sie überhaupt suchte. »... Und gelebt haben wir in den Kellern von zerbombten Häusern. Mal im Wedding. Mal in Wilmersdorf. Manchmal sogar in der Nähe unserer Wohnung. Oder auch im Wald.« – »Sie haben doch eine Schwägerin!« – »Die habe ich schon seit Jahren nicht mehr gesehen. Nur meine Frau hat sich mit ihr getroffen.«

Der SS-Hauptscharführer Dobberke war zwar brutal, aber nicht sonderlich gewieft. Er hatte nämlich versäumt, mich hinauszuschicken, als er meinen Vater verhörte. Wir hatten dummerweise niemals daran gedacht, uns für solche Fälle abzusprechen. So wußte ich nun, was mein Vater gesagt hatte, und dachte mir irgendwelche Straßennamen aus, wo diese angeblichen Unterkünfte von uns gewesen sein sollten. Trümmergrundstücke kannte ich genug. Bei mir ließ es Dobberke mit ein paar Ohrfeigen bewenden. Dann wurden wir eingesperrt.

Zwischen Bangen und Erinnern

Nun war ich zum zweiten Mal in meinem Leben gefangen. Ihr kennt vielleicht alte Krankenhausbauten. Die Zimmer sind viel größer als in neuen Gebäuden. Aus diesen ehemaligen Krankenzimmern waren Zellen geworden, und 30 bis 40 Menschen lebten in einem Raum. Die Stimmung war sehr gedrückt. Damals in der Rosenstraße war irgendwann ja die Hoffnung aufgekeimt, wir würden der Deportation entgehen, als draußen der Protest unserer Angehörigen nicht kleinzukriegen war. Aber welche Hoffnung sollte es im März 1945 geben? Jeder wußte, daß der Krieg verloren war und daß die Kapitulation nur eine Frage der Zeit sein würde.
Die meisten Deutschen, besonders aber die SS und die strammen Nazis, hatten ungeheure Angst vor »den Russen«. Das hing wohl weniger damit zusammen, daß man der eigenen Greuelpropaganda von den bestialischen Untermenschen glaubte, sondern lag eher daran, daß die SS und die Soldaten, die im Osten gekämpft hatten, von den ungeheuren Verbrechen, die in Polen und der Sowjetunion begangen worden waren, wußten. Millionen und Abermillionen Zivilisten – keine Soldaten also – hatten sie umgebracht. Tausende von Dörfern und Städten waren waren völlig ausradiert worden. Auf ihrem Rückzug hatten sie nur »verbrannte Erde« hinterlassen. Und große Teile der Bevölkerung wußten von diesen ungeheuerlichen Untaten auch. Die Soldaten hatten darüber berichtet, und man hatte es in den Propagandafilmen und in den Zeitungen sehen können. Da schlich sich natürlich Angst ein, Furcht vor einer möglichen Rache.

Himmler: »Menschentieren« die Kinder rauben …

Wie es den Russen geht, wie es den Tschechen geht, ist mir total gleichgültig. Das, was in den Völkern an gutem Blut unserer Art vorhanden ist, werden wir uns holen, indem wir ihnen, wenn notwendig, die Kinder rauben und sie bei uns großziehen. Ob die anderen Völker in Wohlstand leben oder ob sie verrecken vor Hunger, das interessiert mich nur soweit, als wir sie als Sklaven für unsere Kultur brauchen, anders interessiert mich das nicht. Ob bei dem Bau eines Panzergrabens 10 000 russische Weiber an Entkräftung umfallen oder nicht, interessiert mich nur soweit, als der Panzergraben für Deutschland fertig wird. Wir werden niemals roh oder herzlos sein, wo es nicht sein muß; das ist klar. Wir Deutsche, die wir als einzige auf der Welt eine anständige Einstellung zum Tier haben, werden ja auch zu diesen Menschentieren eine anständige Einstellung einnehmen, aber es ist ein Verbrechen gegen unser eigenes Blut, uns um sie Sorge zu machen und ihnen Ideale zu bringen …

(Zitiert nach: Internationales Militärtribunal in Nürnberg. Band XXXIX, S. 122 f.)

Uns Gefangene erfüllte die Vorstellung von dem Kriegsende nicht nur mit Freude. Was wird die SS mit uns machen, wenn sich die Rote Armee Berlin nähert? Wird sie uns umbringen? In der Vergangenheit hatten die SS und die Gestapo jedenfalls nicht die geringsten Hemmungen gehabt, Juden einfach zu erschießen.
Und tatsächlich bekam der Lagerkommandant Dobberke auch eines Tages den Befehl, uns alle zu erschießen.
Die Tage schleppten, quälten sich dahin. Eine Woche. Zwei Wochen. Einmal am Tag gab es einen Brei aus Kartoffelschalen und Wasser. Wir waren bald nur noch Haut und Knochen. Unser Lebensmut sank auf den Nullpunkt. Manchmal durften wir eine halbe Stunde auf den Hof. Einmal – es war in den ersten Apriltagen – geschah etwas Merkwürdiges. Ein Lastwagen fuhr an unser Gefängnis heran. Die Plane wurde geöffnet, und die Fahrer warfen Stoffballen vor die Tür. Gelbe Stoffballen. Ein Farbton, den jeder von uns nur allzu gut kannte: der Stoff für die »Judensterne«. Einige von uns mußten diese Ballen in einen Kellerraum schleppen.
Selbstverständlich redeten wir viel miteinander. Ein jeder hatte ein besonderes Schicksal, und die meisten hatten schon viel durchlitten. Außergewöhnlich aber war, was drei Gefangene in unserer Zelle berichteten.
Ihr außergewöhnliches Schicksal begann in jenem Gebäude in der Rosenstraße, in dem auch mein Vater und ich in den ersten Märztagen 1943 gefangengehalten worden waren. Sie aber hatte die SS – insgesamt handelte es sich um genau 25 Männer – an dem Tag, bevor die Entlassungen begannen, willkürlich rausgegriffen und zum Bahnhof Putlitzstraße gebracht. Dort wurden damals die Deportationszüge eingesetzt. Nach Auschwitz. Ja, ihr hört richtig. Diese Männer waren in Auschwitz gewesen, was praktisch das Todesurteil bedeutet hatte. Jeder von ihnen hatte die Gefangenennummer auf seinem Unterarm eintätowiert. Weil sie noch kräftig erschienen, waren sie in ein Arbeitslager gekommen.
Als ihre nichtjüdischen Ehefrauen von dieser Deportation erfuhren, rannten sie der Gestapo die Bude ein. Und dann geschah das Unfaßbare: Jene 25 Männer wurden drei Wochen nach ihrer Ankunft in Auschwitz ins Reichsgebiet zurückgeschickt. Allerdings wurde ihnen gesagt, man könnte sie nicht zu ihren Angehörigen lassen, weil sie Auschwitz gesehen hätten. Die Tatsache, daß ein solches Vernichtungslager bestand, wurde doch streng geheimgehalten. Diese 25 wurden daher in einem Arbeitslager bei Großbeeren – südlich von Berlin – untergebracht. Im Laufe der Monate durften sie auch Briefe und Päckchen von ihren Angehörigen empfangen. Im Herbst 1944 waren sie schließlich in das Lager in der Schulstraße gebracht worden. Einige tausend Menschen haben Auschwitz überlebt, aber daß während der Naziherrschaft Menschen von Auschwitz wieder zurücktransportiert worden sind, das weiß wohl kaum jemand.

Am Montag, dem 16. April 1945, hörten wir Geschützdonner. Sehr fern. Ein leises Beben. Zunächst trauten wir unseren Ohren nicht. Eine Einbildung? Im Laufe des Tages schwanden Unsicherheit und Zweifel. Das war der Lärm von Geschützen. Es mußten Tausende sein. Tatsächlich sind es Zehntausende gewesen. Die sowjetische Armee überquerte die Oder. Endlose Detonationen. Ein unaufhörliches Erzittern der Luft. Mit jeder Stunde, mit jedem Tag vernehmbarer. Und mit jedem Tag wuchs die Unsicherheit über unser Schicksal. Einige diskutierten darüber, einen Ausbruch zu wagen, wenn in der Nähe gekämpft würde, um in den von der Roten Armee kontrollierten Stadtteil zu gelangen. Würden aber dafür – wenn wir überhaupt noch leben sollten – die Kräfte reichen? Soweit kam es aber nicht.

Der 20. April. Hitlers Geburtstag. Früher mit Glanz gefeiert. Offensichtlich schlugen die ersten Granaten in Berlin ein. Die standen sicher nicht auf Hitlers Wunschzettel. Wie weit reichen Geschütze? 10, 20, 30 Kilometer? Oder weiter? Von unseren Bewachern keine Reaktion. Auch in den Folgetagen nicht. »Je näher die Russen kommen, desto dünner wird der Faden, an dem unser Leben hängt«, meinte jemand. »Das muß nicht unbedingt so sein«, sagte mein Vater, eher mit sich selbst redend. Am Tag darauf wurde es zur Gewißheit. Kämpfe im Stadtgebiet! Im Norden und Nordosten. Und wieder vergingen Tage.

Unser Ende?

Am 25. April, einem Mittwoch, fiel meinem Vater vor dem Einschlafen ein: »Heute sind wir einen Monat hier.« Am anderen Morgen weckte uns ungewöhnlicher Lärm. Es dämmerte gerade erst. Sofort begriff jeder von uns: Die Zellen werden geräumt. »Raustreten! Schnell! Schnell! Beeilung!« Türen wurden aufgerissen und zugeschlagen. Bewegung auf den Gängen. Nun war der Raum neben dem unseren an der Reihe. Dann riß ein SS-Mann die Tür unseres Raumes auf. »Raus! Alle raus!« Wir rafften uns auf. Wer noch ein wenig Kraft besaß, stützte einen völlig Entkräfteten. Wieder das ohnmächtige Fragen: »Was werden die mit uns machen?« – »Die werden uns erschießen oder laufen lassen. Eines von beiden.«

Wir wurden vor das Gebäude auf das frühere Krankenhausgelände getrieben. »Aufstellen! In Reih und Glied! Ausrichten!« Es gab eben keine andere Ordnung als die militärische. Ich schaute umher. Sah den Hauptscharführer Dobberke mit seinem Schäferhund. Neben ihm weitere SS-Männer. Und ein wenig abseits vier, fünf Gruppen SS-Soldaten. »O Gott, Erschießungskommandos«, hörte ich sagen. »Vorwärts! Ausrichten!« Da kamen auch die gefangenen Frauen, die wir noch nie gesehen hatten.

Plötzlich löste sich mein Vater aus der Reihe und ging langsam – er konnte auch gar nicht schneller – in die Richtung des Lagerkommandanten. Wie auf ein Zeichen hin folgten ihm noch zwei weitere Gefangene. Sie schwankten auf Dobberke zu. Der bewegte unsicher seinen Kopf und sah fragend seine SS-Kameraden an. Zwei oder drei Meter vor Dobberke blieb mein Vater stehen. Die beiden anderen auch. Mein Vater redete den Kommandanten an. Für uns war nichts zu verstehen. Was Dobberke schrie, aber um so besser: »Das geht Sie gar nichts an! Was erlauben Sie sich?!« Wieder sagte mein Vater etwas. Warf seinen beiden Leidensgenossen einen Blick zu. Die drei gingen zurück.

Wir standen so noch ungefähr zehn Minuten, in denen mehr und mehr Gefangene auf das Gelände getrieben wurden. Ansonsten geschah nichts. Jedenfalls nichts, was zu sehen gewesen wäre. Wir hörten die Granaten und das Schießen. Im Kopf des SS-Hauptscharführers passierte jedoch eine ganze Menge. Nur mühsam den Befehlston wahrend, brachte er plötzlich hervor: »Abtreten!« Anscheinend rechnete er damit, nicht richtig verstanden zu werden, denn schnell wiederholte er: »Abtreten! Abtreten – habe ich gesagt!« Langsam, sehr langsam gingen wir wieder in unsere Zellen. Einen Soldaten hörte ich. »Affentheater!«

Jeder wollte natürlich von meinem Vater wissen, was er Dobberke gesagt hatte: Zunächst: »Herr Hauptscharführer, Sie haben wahrscheinlich den Befehl erhalten, uns zu erschießen.« Darauf hatte Dobberke so erregt reagiert. Und dann weiter: »Ich weiß nicht, was Sie alles auf dem Kerbholz haben. Wenn Sie uns aber erschießen lassen, werden Sie sicher verspielt haben. In ein paar Stunden werden die Russen hier sein. Die Spuren dieses Massakers können Sie gar nicht mehr beseitigen. Und die Russen werden Sie kriegen, Herr Hauptscharführer!«
Was würde sich nun bei den SS-Leuten abspielen? Es war später Vormittag, als eine Zelle nach der anderen wieder geöffnet wurde. Aber es fehlten die brutalen Befehle. Wieder ging es auf das Krankenhausgelände. Mein Vater wurde von Dobberke herangerufen. »Ich werde Sie alle entlassen. Bescheinigen Sie mir jedoch, daß ich den Befehl, die Lagerinsassen zu erschießen, nicht befolgt habe.« Wir taten nichts lieber als das. Die ungefähr achthundert gefangenen Frauen und Männer bestätigten durch ihre Unterschrift auf Bögen, daß der SS-Hauptscharführer Dobberke die Ausführung eines Befehls verweigert hatte. Ob ihm das was genutzt hat, weiß ich nicht.
Jeder einzelne von uns bekam einen Entlassungsschein, auf dem auch das Aufnahmedatum vermerkt war. Die SS verschwand. Wir waren frei.
Bevor wir loszogen, haben sich viele noch ein Stück von den Stoffballen mit den »Judensternen« abgeschnitten. Warum? Das weiß ich eigentlich gar nicht. Ich habe mein Stück Stoff noch. Es fehlen einige Sterne. Die habe ich rausgeschnitten und bei amerikanischen Soldaten gegen Brot und Corned Beef eingetauscht. »Judensterne« sind begehrte Souvenirs gewesen.

Aus Hitlers Testament

... Vor allem verpflichte ich die Führung der Nation und die Gefolgschaft zur peinlichen Einhaltung der Rassegesetze und zum unbarmherzigen Widerstand gegen den Weltvergifter aller Völker, das internationale Judentum.

Gegeben zu Berlin, den 29. April 1945, 4 Uhr. *gez. Adolf Hitler*

Als Zeugen: gez. Dr. Joseph Goebbels, Martin Bormann, Wilhelm Burgdorf, Hans Krebs.

(Zitiert nach: Goebbels: Tagebücher 1945. Einführung Rolf Hochhuth. Hamburg 1977)

Beinahe ein Kitschroman

Ich weiß, daß das kein »richtiges« Ende meiner Geschichte ist. Ihr wollt natürlich noch wissen, was mit meiner Mutter, mit Sara, was mit Robert geschehen ist.

Ihr dürft mir glauben: Das alles wieder einmal erzählt zu haben, ist mir nicht leichtgefallen. Das geht jedem so, der überlebt hat. Die Erinnerung an viele quälende Gefühle, an Todesängste taucht wieder auf. Viele schreckliche Bilder kommen wieder. Das Ende meiner Geschichte erzähle ich jedoch so ungern, weil es im Grunde so vollkommen unwahrscheinlich gewesen ist, daß sie so enden würde. Der Autor eines Kitschromans hätte sich das nicht besser ausdenken können. Denkt euch nur einmal, am Ende eines Romans mit meiner Geschichte würde der Schluß etwa so lauten:

Da ziehen sie nun hin. Vater und Sohn Grossmann. Dem Tode entronnen. Endgültig. Endgültig? Das Feuer naher Straßenkämpfe zerhackt die Frühlingsluft. Granaten. Einschlag auf Einschlag. Planlos ins Häusermeer geschossen. Keiner von beiden denkt auch nur eine Sekunde an die Möglichkeit, eine Granate könne sie treffen. Ein wahnwitziger Zufall! In Trümmern würden sich ihre Spuren verlieren. Vermißt. Den Leidensgefährten im Lager hatten sie beim Abschied noch zugewinkt. Sie wollten nach Lankwitz zur Schwägerin. Dort waren sie nie angekommen. Zwei unbekannte Tote. Zwei von Hunderten, die in jenen Tagen auf den Straßen und unter Trümmern lagen. Mit Kalk überschüttet, nach Tagen in einem Massengrab beerdigt. Ein Zufall nur, aber nicht einmal ein so unwahrscheinlicher.

In das Gefühl der Erlösung und in das Hoffen aber schleicht sich Bangen ein, je länger sie den Weg gehen. Das Bangen um die Gattin und Mutter. Würde sie die Wirren überstanden haben? Fliegen würden sie am liebsten. Doch der Zustand ihrer Körper läßt nicht einmal ein Eilen zu.

Um sie herum Menschen mit starren, gehetzten Blicken. Reste ihrer Habe schleppend. Kraftlos wie sie. Hier und da müssen sie sich an Panzersperren und Straßengräben vorbeidrängen. Dahinter alte Männer und Jungen, bewaffnet mit alten Gewehren und Panzerfäusten. Und dort an der Laterne! – Ein Gehenkter mit einem umgehängten Schild: »Ich bin ein Feigling.« Dann schnappten sie Wortfetzen auf: »Am Flughafen sollen Kämpfe sein. In Steglitz ...« In Steglitz? Dort liegt ihr Ziel: Lankwitz.

»Wir sollten vielleicht zuerst zur Mommsenstraße gehen, Vater. Zu unserem Haus.« – »Das steht nicht mehr, Hans.« – »Das weiß ich doch. Aber vielleicht hat Mutter dort eine Nachricht hinterlassen.« ... Und möglicherweise Sara, setzt Hans in Gedanken hinzu. Das gehörte seit langem zum Erscheinungs-

bild der Ruinen. Die Ausgebombten schrieben auf die Mauerreste, wo sie aufzufinden wären. »Wir können dort in jedem Fall vorbeischauen.« Sie wählen die Perleberger Straße. »Kreuzt hier nicht die Rathenower Straße, Vater?« Ja, sie kreuzt. Welche Erinnerungen, welche Bilder! Eine Stunde mühevollsten Weges. Die Spree. Lessing-Brücke. »Dahinten beginnt die Levetzowstraße, Hans. Das ist unser Weg.« Sollten sie ihn tatsächlich wählen? Von weitem sehen sie das Portal der Synagoge mit seinen vier mächtigen Säulen. Dahinter nur Schutt und Asche. Das Werk der Bomben, die auf Gute und Schlechte, auf Schuldige und Unschuldige niedergegangen sind. Unwillkürlich verweilen Emil und Hans Grossmann einige Zeit.
Das »Knie« ist ihr nächstes Teilziel. Dort beginnt die Bismarckstraße. 300 Meter vielleicht, die Leibnitzstraße kreuzt. Nach Süden. Bald sehen sie die S-Bahn-Überführung. Dahinter, die zweite Querstraße ist die Mommsenstraße. Nun mag es nicht mal mehr ein halber Kilometer sein. Hier sind die Häuser kaum zerstört. Das Grün der Bäume beginnt zu knospen, als habe sich nichts verändert! Aber dieser Trugschluß kann sich nicht einstellen, denn vor ihnen, weiter im Westen, wird offenbar gekämpft. Nur wenige Menschen trauen sich auf die Straße. Die meisten hocken in den Kellern. Voller Furcht und Ängste, das Strafgericht für den Wahn von der deutschen Herrenrasse erwartend. Früher gingen die Grossmanns diese Strecke in wenigen Minuten, jetzt ist beinahe eine halbe Stunde vergangen. Voller Hoffnung nähern sie sich der Ruine ihres Wohnhauses. »Vater, die Frau da, das ist Mutter.« So ist es. Das Herz schlägt den beiden Männern bis zum Halse. Die Frau, die sich da von der anderen Seite nähert, ist Clara Grossmann. Von gleichen Überlegungen geleitet wie ihr Mann und ihr Sohn. Eng umschlungen stehen sie für Minuten vor der Ruine ihres früheren Wohnhauses. Noch im Schutz der Dunkelheit waren sie hier am 4. Februar früh morgens davongeschlichen. 80 Tage waren seither vergangen. Wie hatte sich die Welt verändert!
Habe ich nicht recht? Das wäre doch ein kitschiges Ende des Romans, nicht wahr? Nun ist es aber tatsächlich so gewesen: Mein Vater und ich trafen meine Mutter an diesem Tag vor unserem zerstörten Wohnhaus. Sie allerdings war schon seit Tagen dorthin gekommen. Bei den Hilperts hatte sie Unterschlupf gefunden. Mein Vater und ich dann auch.
Das war aber noch nicht alles. Am übernächsten Tag – die Russen hatten schon die Mommsenstraße erreicht – fand ich auch Sara. Sie und ihre Eltern hatten überlebt. Ebenso Robert. Ein richtiges »Happy End« also. Ein Wunder sogar. Ach was! Viele Wunder! Aber die widerfuhren nicht nur uns. Wenn ihr heute jüdische Frauen und Männer trefft, die unter den Nazis überlebt haben, dann müssen immer unwahrscheinliche Ereignisse – denkt nur an den Protest in der Rosenstraße – und wunderbare Zufälle im Spiel gewesen sein. Ansonsten würden sie nicht mehr leben.

Rosenstraße/Heidereutergasse

50 Jahre danach

Rosenstraße 2–4 nach 1945

Das städtebauliche Herz Berlins (Alt-Berlin), das Gebiet zwischen dem östlichen Spreearm und dem S-Bahn-Bogen mit den Bahnhöfen »Hackescher Markt«, »Alexanderplatz« und »Jannowitzbrücke« lag am Ende des Krieges ebenfalls in Trümmern. Das Rote Rathaus, die Marienkirche, der rote Backsteinbau des damaligen Bahnhofs »Börse«[1] zählten zu den wenigen Bauten, die der Zerstörung entgangen waren.
Die Stadtgestalter, die hier das Zentrum der sozialistischen Hauptstadt errichtet haben, schenkten dem Raum im Bereich der Rosenstraße offensichtlich wenig Aufmerksamkeit. Die Rosenstraße ist zu einem Hinterhof geworden, zum Hinterhof des Baukomplexes Spandauer Straße/Karl-Liebknecht-Straße. Die Gebäudereihe auf der östlichen Seite, die den Krieg teilweise unbeschadet überstanden hat, steht hier ohne Bezug zum architektonischen Umfeld. Die Rosenstraße ist verkürzt und wiederum verlängert. Zur Marienkirche hin um vielleicht 30 Meter abgeschnitten und zur Sackgasse gemacht. Mit einem Durchgang zur Karl-Liebknecht-Straße. Den Durchblick verwehrt eine Imbißbude. Und da, wo die Rosenstraße an der Neuen Friedrichstraße, die hier nicht mehr existiert, mit dem Grundstück Nr. 1 einst begann (und auf der gegenüberliegenden Seite mit der Nr. 19 in gewisser Weise zugleich endete), eben da wurde sie auf dem Reißbrett über Asphaltflächen hinweg bis zur Straße »An der Spandauer Brücke« verlängert, die ihrerseits in ihrer Linienführung verkrüppelt wurde. Und die Rochstraße, die heute die Rosenstraße berührt, ist in diesem Raum auch nur ein Produkt des Reißbretts. Früher nämlich begann sie ganze zwei Häuserblocks weiter nordöstlich, etwa 150 Meter von ihrem jetzigen Beginn entfernt.
Die Heidereutergasse gibt es nicht mehr. Es ist leicht zu erkennen, wo sie verlief, denn das Gebäude Rosenstraße 1 hat den Krieg als einziges auf dieser Seite überdauert. Und es lag gegenüber dem Gebäude Rosenstraße 2–4, eben auf der anderen Seite der Heidereutergasse. Der Raum der ehemaligen Grundstücke Heidereutergasse 4 und 5 und Rosenstraße 2–4 mit der Synagoge in deren früherem Hofraum ist gemeinsam mit den anderen Grundstücken an der westlichen Seite der Rosenstraße eingeebnet worden und spärlich begrünt. Dahinter erhebt sich die Rückfront der elfstöckigen Neubauten an der Spandauer Straße.
Den Amsterdamer Hafenarbeitern, von denen im Februar 1941 die Proteststreiks gegen die Judenverfolgung durch die deutsche Besatzungsmacht ausgingen, hat man in ihrer Stadt schon vor Jahrzehnten ein Denkmal gesetzt. Und der deutsche Diplomat Georg Ferdinand von Duckwitz, der im September 1943 den dänischen Widerstandsorganisationen die unmittelbar bevorstehende Deportation der jüdischen Bevölkerung Dänemarks verriet

[1] Zu DDR-Zeiten »Marx-Engels-Platz«.

Diese Litfaßsäule stand anläßlich des 49. Jahrestages der Geschehnisse nach dem 27. Februar 1992 eine Woche lang in der Rosenstraße.

und so deren Rettung ermöglichte, gehörte zu den Auserwählten, die in der Allee der Gerechten des »Yad Vashem« einen Baum pflanzen durften. Aber kein Zeichen am Grundstück Rosenstraße 2–4, kein Zeichen, das jenes Ereignis zur Gegenwart machen würde. Im März 1992 allerdings, anläßlich des 49. Jahrestages der »Fabrik-Aktion« und des Protestes in der Rosenstraße, stand dort eine Woche lang eine kleine Litfaßsäule mit Informatio-

nen über das Geschehen. Studentinnen und Studenten der Fachhochschule für Sozialarbeit hatten sich den Protest zu einem Arbeitsthema gemacht.
Kein Zeichen erinnert hier an den Protest vom Februar/März 1943. Ein solches Zeichen aber ist geschaffen. Es ist während der vergangenen Jahre im Atelier der Bildhauerin Ingeborg Hunzinger in Berlin-Rahnsdorf entstanden. Diese Künstlerin jüdischer Herkunft hatte dafür plädiert, in der DDR und namentlich in deren Hauptstadt mehr Stätten zu schaffen, die dem Gedenken aller Menschen gewidmet sein sollten, die zu Opfern des Nazi-Terrors geworden waren, egal welcher Herkunft, welcher Überzeugung, welchen Glaubens.
Als sie Mitte der 80er Jahre von einem jüdischen Verwandten zur Rosenstraße geführt wurde, faßte sie den Plan zu einem Denkmal. Die Kraft der

Die Figur »Der Fliehende« in dem von der Bildhauerin Ingeborg Hunzinger geschaffenen Denkmal zu den Ereignissen in der Rosenstraße während der ersten Märzwoche 1943.

gewaltfreien Liebe und des zivilen Ungehorsams waren es, die sie an jenem Geschehen faszinierten. Der Weg der Verwirklichung ihres Planes war verschlungen; der Durchbruch kam 1988. Heute, am Ende des Jahres 1992, steht das Werk kurz vor seiner Vollendung.

Da sind zunächst drei Quader, 2,30 Meter hoch, etwa ebenso breit, einen guten Meter tief. Gehauen aus einem im Walde südlich vom sächsischen Rochlitz gelegenen Porphyrbruch. Purpurfarben. Kein tiefer, sondern ein gebrochener Ton. Vulkangestein. »Gefrorene Asche«, sagt die Künstlerin. Blaßrote Asche.

Zwei dieser Blöcke – zwar äußerlich auseinandergerissen – fügen sich zu einem Element des Denkmals zusammen. In einen Block ist eine Gruppe gefangener Männer gehauen. Aus dem Gefängnis löst sich eine männliche Figur, ein Befreiter. Der Mann strebt auf eine Frau zu, die aus dem nahen – bei diesem Standort des Betrachters rechten – zweiten Block herausragt. In die einander zugewandten Schmalseiten der beiden Blöcke sind Bruchstellen gehauen, Bruchstellen, die sich ineinanderfügen ließen. Eben ein auseinandergerissener Stein. Die Blöcke nehmen noch weitere Szenen und Figuren auf, das gewalttätige Grauen versinnlichend und Schicksale der Verfolgung widerspiegelnd. Für die vielen, die in den Tod getrieben wurden, steht ein altes Paar. Wir sehen Verstummte und einen Fliehenden.

Denkt man sich diese beiden Blöcke, die nur ein schmaler Spalt trennt, auf der Linie eines Kreises, so steht der dritte auf der Fortsetzung der Kreislinie ihnen gegenüber. Der Block der Frauen. Eine Gruppe Frauen, dicht beieinanderstehend. Nicht ohne Furcht, aber – bestärkt durch die Gemeinsamkeit mit den Schicksalsgenossinnen – voller Entschlossenheit. Kinder schmiegen sich an ihre Mütter an, sind beinahe Teil deren Körper. Links von der Gruppe, unten, eine hockende Figur, im Relief: der Philosoph, Symbol der Weisheit. Auf der Rückseite des Blocks, in einer langgezogenen flachen Nische, ein deutlich unterlebensgroßes engumschlungenes Paar: das Wiedersehen.

In der Mitte auf der Linie zwischen den äußeren Enden der Elemente des Denkmals steht die Skulptur zweier Frauen, lebensgroß. Einander zugewandt. Die eine, zusammensinkend, findet Halt bei der anderen.

Alle Blöcke faßt ein Sturz zusammen, etwa einen halben Meter breit. Er soll jenen Druck versinnlichen, der auf diesen Menschen während der Nazi-Zeit gelastet hat. Darauf als Flachreliefs Motive aus der judaistischen Symbolik. Deren Gestaltung wurde angeregt durch Motive auf Grabsteinen zerstörter jüdischer Friedhöfe in Polen. Zerstört von deutschen Herrenmenschen. Eine Krone – Symbol für die Thora, für Gelehrsamkeit und Frömmigkeit. Ein Löwe – das Zeichen für den Stamm Juda. Ein fünfarmiger Leuchter – ein Motiv, das allein die Gräber von Frauen schmückt, denn die Frauen sind es, die die Sabbatlichter anzünden. Segnende Hände, die Finger leicht gespreizt, sich beinahe berührende Daumen. Auch – selbstverständlich auch – das Davidsschild, den aus zwei Dreiecken zusammengesetzten Stern, den die Nazis den Juden zu deren Diskriminierung auferlegten. Manche, die ihn zu tragen gezwungen waren und den Nazi-Terror überlebten, haben ihn bis heute aufbewahrt.

Neben dem Paar »Wiedersehen« ein breiter senkrecht verlaufender Streifen. Bruchstücke von jüdischen Grabsteinen. Dicht ineinandergefügt. Jenen Wegen nachempfunden, die Deutsche vor einem halben Jahrhundert mit solchen Grabsteinen gepflastert haben.

Die Sprache der Figuren und Formen und Symbole wird schließlich ergänzt durch Worte, die »Fabrik-Aktion« und die Dynamik des Protestes in der Rosenstraße betreffend und den Protest interpretierend: »Die Kraft des Zivilen Ungehorsams und die Kraft der Liebe bezwingen die Gewalt der Diktatur.« Dies ist mehr als nur Interpretation: Die Worte sind als immer gültiger Aufruf und als Ermutigung für die Menschen gedacht.

Und da ist ein letzter Block. Die Höhe zwei Meter. Die Grundfläche quadratisch. Die Figuren: Ein Geiger mit zerbrochenem Instrument. Symbol für die durch die Nazi-Herrschaft zerstörte jüdische Kultur. – In einer Höhle eine die Thora lesende Figur, also jenes Buch lesend, welches das Band des Judentums war und ist. Dieser Block soll einmal an jenem Durchgang stehen, der heute das Ende der Rosenstraße mit dem Fußgängerweg der Karl-Liebknecht-Straße verbindet. Auch als ein Zeichen, das zu dem Denkmal am Ort des Protestes führen soll.

Dieses Denkmal aus »gefrorener Asche« wird in jener visuellen Linie stehen, die durch die roten Klinkerbauten des S-Bahnhofs »Hackescher Markt« und des Roten Rathauses begrenzt wird. In einer Linie, die auch die Marienkirche berührt – in gewisser Weise ebenfalls eine steinerne Skulptur, die in ihren Westteilen noch das mittelalterliche Mauerwerk aus Granitfindlingen zeigt.

Ein Denkmal also ist entstanden. Aber gibt es keine Spuren mehr, wirklich keine Spuren mehr von jenem Verdichtungsraum jüdischen Lebens in Berlin? Aber ja! Die Spuren sind verborgen. Als nämlich die kriegszerstörten Gebäude Heidereutergasse/Rosenstraße endgültig abgerissen wurden, hat man deren Fundament verschüttet. Nun sind sie in der Erde unter dem mageren Grün vergraben.

Eine Idee ist aufgekommen: Die Fundamente der Alten Synagoge, die der Vorderhäuser an der Heidereutergasse und die des Gebäudes Rosenstraße 2–4 sollten sichtbar gemacht werden. Ein Stück der Heidereutergasse würde zudem wiedererstehen. Und in diesem Raum sollte jenes Denkmal seinen Ort erhalten, das die Erinnerung an die »Fabrik-Aktion« und an den Protest in der Rosenstraße wachhalten würde.

Zwei Blöcke zum Thema »Freiwerden«.

Der Block der Frauen. Links unten der Philosoph.

Die Rückseite des Frauenblocks: das Wiedersehen.

Die beiden Frauen. Die eine, zusammensinkend, findet Halt bei der anderen. (Arbeitszustand)

Zwei Alte gehen in den Tod und Aufruf an die Menschen heute.

Sach- und Personenregister

Gestapo Abkürzung für »Geheime Staatspolizei«. 1934 als politische Polizei von Göring zunächst in Preußen zur Verfolgung der Gegner der Nazi-Partei geschaffen. Hierbei bediente sie sich brutalster Methoden. Die Gestapo war organisatorisch dem von Himmler geleiteten Reichssicherheitshauptamt zugeordnet. Gestapo und SS arbeiteten bei der Judenverfolgung und den Deportationen eng zusammen.

KL Abkürzung für Konzentrationslager im Sprachgebrauch der Nazis.

KZ Abkürzung für Konzentrationslager im allgemeinen Sprachgebrauch.

Nazi Abkürzung für einen Anhänger oder Repräsentanten der NSDAP. In seiner Mehrzahl (die Nazis) wird dieser Begriff nach der Machtübernahme der NSDAP pauschal für die nationalsozialistische Regierung verwendet. Der Begriff wurde von den Nationalsozialisten selbst geprägt.

NSDAP Abkürzung für »Nationalsozialistische Deutsche Arbeiterpartei«, die aus der 1919 gegründeten »Deutschen Arbeiterpartei« hervorging. 1921 trat ihr Hitler bei und wurde nach kurzer Zeit deren Vorsitzender.

SA Abkürzung für »Sturm-Abteilungen«. Ursprünglich eine Ordner- und Kampftruppe der NSDAP bei Saal- und Straßenschlachten. Sie sollte zudem das Ausbildungs- und Erziehungsinstrument der Nazi-Partei sein (»politisches Soldatentum«). Die Mitglieder trugen braune Uniformen. Die SA erreichte eine Mitgliederzahl von 4,5 Millionen.

SD Abkürzung für »Sicherheitsdienst«; Teil der SS, ab 1936 der offizielle Nachrichtendienst in Nazi-Deutschland.

SS Abkürzung für »Schutz-Staffel«. 1925 von Hitler als schwarzuniformierte Elitetruppe der SA gegründet, die die Aufgabe hatte, für seinen Schutz zu sorgen. Nach der Machtübernahme durch die Nazis wurde die SS zu einer in verschiedene Formationen bewaffneten Truppe ausgebaut, von denen die SS-Totenkopfverbände die Aufgabe hatten, die Konzentrationslager zu bewachen. Berüchtigt war auch die Waffen-SS (etwa 580 000 Mann), die neben der im kriegsrechtlichen Sinne kämpfenden »Wehrmacht« an den Fronten eingesetzt wurde, insbesondere im Osten. Die Waffen-SS und die Totenkopfverbände waren durch gemeinsame Erschießungskommandos (»Einsatzgruppen«) in großem Umfang an der Ermordung von Juden beteiligt.

Nicht alle Hauptverantwortlichen an den Verbrechen gegen die Juden werden in diesem Buch – sei es in der Darstellung von Hans Grossmann, sei es im Zusammenhang mit den Quellen – erwähnt. Zu den genannten sollen einige Kurzinformationen gegeben werden:

Bormann, Martin, geb. 1900. Seit 1930 in der obersten Parteiverwaltung der NSDAP im sogenannten »Braunen Haus« in München tätig. 1941 Leiter der Parteikanzlei, 1943 Hitlers Sekretär. Seit dem 1. Mai 1945 verschollen.

Eichmann, Adolf, geb. 1906. SS-Obersturmbannführer. Leiter der Judenabteilung des Reichssicherheitshauptamts. 1960 vom israelischen Geheimdienst aus Argentinien nach Israel gebracht, dort angeklagt, zum Tode verurteilt und 1962 hingerichtet.

Goebbels, Joseph, geb. 1897. Seit 1926 »Gauleiter« von Berlin; seit 1933 Reichsminister für Volksaufklärung und Propaganda. Selbstmord am 1. Mai 1945.

Göring, Hermann, geb. 1893. 1933 Preußischer Ministerpräsident und Innenminister. Oberbefehlshaber der Luftwaffe. Als Beauftragter für den Vierjahresplan verantwortlich für die wirtschaftliche Seite der Wiederaufrüstung. Reichsfeldmarschall. Galt jahrelang als möglicher Nachfolger Hitlers. Selbstmord im Oktober 1946 in Nürnberg.

Heydrich, Reinhard, geb. 1904. SS-Obergruppenführer und General der Polizei. 1934 Leiter der Geheimen Staatspolizei in Berlin; 1936 »Chef der Sicherheitspolizei und des Sicherheitsdienstes (SD)«. 1942 an den Folgen eines Attentats gestorben.

Himmler, Heinrich, geb. 1900. Trat sofort 1925 in die neugegründete »Schutz-Staffel« ein. Als »Reichsführer SS« unmittelbar Hitler unterstellt. Selbstmord im Mai 1945.

Hitler, Adolf, geb. 1889. Führer der NSDAP. Seit 1933 Reichskanzler. Seit dem Tod Hindenburgs 1934 Inhaber der höchsten Regierungs- und Staatsämter. Formulierte mit seinem Buch »Mein Kampf« (1925 und 1927 zunächst in zwei Bänden erschienen) das politische Programm der Nationalsozialisten. Selbstmord am 30. April 1945.

Sauckel, Fritz, geb. 1894. Generalbevollmächtigter für den Arbeitseinsatz. Verantwortlich für die Zwangsarbeit und Deportation von über 5 Millionen Menschen. 1946 als Kriegsverbrecher in Nürnberg hingerichtet.

Nicht direkt mit der Judenverfolgung befaßt war:

Speer, Albert, geb. 1905. Hitlers Generalbauinspekteur. Seit 1942 verantwortlicher Minister für die Kriegsproduktion. Im Nürnberger Kriegsverbrecherprozeß zu 20 Jahren Haft verurteilt. 1966 entlassen; gestorben 1981.

Abbildungen aus Büchern der Edition Hentrich:

Aus: Jüdische Schulen in Berlin: Seite 42
Aus: Kurt Tucholsky und Deutschlands Marsch ins Dritte Reich: Seite 54
Aus: Kurt Gerron – Gefeiert und gejagt: Seite 89, 143
Aus: Am Großen Wannsee 56–58: Seite 98
Aus: Tanzdielen und Tanzpaläste: Seite 119
Aus: Zerstört, besiegt, befreit: Seite 125
Aus: Juden im Widerstand: Seite 155

Abbildungsnachweis:

Landesarchiv Berlin: Seite 18, 19, 20, 21, 22 unten, 23, 178
Landesbildstelle Berlin: Seite 22 oben, 60, 62
Bildarchiv Abraham Pisarek: Seite 38, 45, 121
Bilderdienst Süddeutscher Verlag: Seite 77
Rüdiger Disselberger: Seite 180, 181, 184, 185, 186, 187, 188, 189

Alle übrigen Aufnahmen: Archiv des Verfassers

Adolf Burger

Unternehmen Bernhard

Die Geldfälscherwerkstatt im KZ Sachsenhausen

Adolf Burger, heute in Prag lebend, wurde 1917 in der Slowakei geboren. Im August 1942 gemeinsam mit seiner Frau verhaftet und mit anderen jüdischen Häftlingen nach Auschwitz deportiert, wurde er durch einen Befehl Kaltenbrunners fast zwei Jahre später nach Sachsenhausen gebracht. Aufgrund seiner Ausbildung zum Buchdrucker und Setzer wurde er der dortigen Fälscherwerkstatt zugeteilt. Während seine Frau in Birkenau ermordet wurde, entging er so dem sicheren Tode.

Jüdische Typographen, Maler, Setzer und Bankbeamte waren gezwungen, für Nazis Pfundnoten, Dollars, Briefmarken und Dokumente zu fälschen. Geleitet wurde diese größte Fälscheraktion der Weltgeschichte von SS-Sturmbannführer Bernhard Krüger, nach dessen Vornamen sie benannt wurde: »Unternehmen Bernhard«. Gegen Kriegsende wurde das Sonderkommando ins KZ Mauthausen verlegt. Letzte Station war das KZ Ebensee, wo die 137 Mann des Fälscherkommandos zusammen mit etwa 12.000 anderen KZ-Häftlingen am 5. Mai 1945 die Befreiung durch die Amerikaner erlebten.

Ende April wurden Millionenbeträge von den Nazis im Toplitzsee im Salzkammergut versenkt. Insgesamt 20 Kisten wurden 1959 von STERN-Redakteuren und 1963 von österreichischen Gendarmen gehoben.

Adolf Burger kehrte nach Kriegsende heim ins slowakische Poprad, wo er erfuhr, daß seine Mutter ins KZ Ravensbrück, sein Vater nach Sachsenhausen gebracht worden waren, von wo sie nie zurückkamen.

EDITION HENTRICH ISBN 3-89468-056-3

REIHE GEDENKSTÄTTE HAUS DER WANNSEE-KONFERENZ

1 Johannes Tuchel **Am großen Wannsee 56–58**
Von der Villa Minoux zum Haus der Wannsee-Konferenz

2 Wolfgang Scheffler **Abgewandert nach Osten** (erscheint Sommer 1993)
Die Bevölkerungsstatistik der Reichsvereinigung der Juden in Deutschland 1941–1945

3 Ruta Sakowska **Zwei Etappen – Ghetto Warschau**
Die NS-Ausrottungspolitik gegen die polnischen Juden, gesehen mit den Augen der Opfer

REIHE DEUTSCHE VERGANGENHEIT

lieferbare Titel

1 **Steinerne Zeugen** Stätten der Judenverfolgung in Berlin *
2 **Machtergreifung** Berlin 1933 *
3 **Kurt Tucholsky** und Deutschlands Marsch ins Dritte Reich *
5 **„nicht mißhandeln"** Das Krankenhaus Moabit 1920–1945 *
7 **Zerstört · Besiegt · Befreit** Der Kampf um Berlin bis zur Kapitulation *
8 **Verfolgung und Widerstand** Der Bezirk Tiergarten 1933–1945 *
11 A **Erwin Piscator,** Bd. I, Berlin, 1916–1931
11 B **Erwin Piscator,** Bd. II, Moskau, Paris, New York, 1931–1966
14 **Berliner Konfektion und Mode** 1836–1939 (2. erweiterte Auflage) *
15 **Sand im Getriebe** Neuköllner Geschichte(n) *
16 **„Der Frau ihre Arbeit!"** Lette-Verein 1866–1986 *
17 **„totgeschwiegen" 1933–1945** (2. erw. Aufl.) Die Wittenauer Heilstätten Berlin *
18 **Die Sexualberatungsstellen der Weimarer Republik 1919–1933** *
19 **250 Jahre Böhmen in Berlin** Band I *
20 **250 Jahre Böhmen in Berlin** Band II *
21 **Berliner Straßen** Beispiel Wedding *
23 **Verfolgte Berliner Wissenschaft** *
24 **Vom Columbia-Haus zum Schulenburgring** *
26 **Aktion T 4** Die „Euthanasie"-Zentrale (2. erw. Aufl.) *
27 **Fritz Kortner** Schauspieler und Regisseur
28 **Tod eines Pianisten** Karlrobert Kreiten und der Fall Werner Höfer
29 **Zehn Brüder waren wir gewesen** Spuren jüdischen Lebens in Berlin-Neukölln *
30 **Humor als Hochverrat** Albert Hopf und die Revolution 1848
31 **Erinnern – und nicht vergessen** Die Opfer des Nationalsozialismus in Berlin-Tempelhof *
32 **Letzte Spuren** Ghetto Warschau · SS-Arbeitslager Trawniki · Aktion Erntefest
33 **Juden in Spandau** Vom Mittelalter bis 1945 *
34 **Der Wert des Menschen** Medizin in Deutschland 1918–1945
35 **Zerstörte Fortschritte** Zur Geschichte des Jüdischen Krankenhauses zu Berlin ab 1756 *
36 **Die Goldmedaille** Erinnerungen an den Bar Kochba-Makkabi
37 **Der Fall Oskar Panizza** Ein deutscher Dichter im Gefängnis
38 **Kirchengemeinden im Nationalsozialismus** Beispiele aus der Ev. Kirche Berlins *
39 **Heinz Hilpert – Leben und Werk**
40 **Kurt Steffelbauer – Ein Lehrer im Widerstand** *
41 **Rixdorfer Musen** Musik- und Theatergeschichte *
42 **Erich Kuttner – Ein Leben für Freiheit und Recht** *
43 **Das Columbia-Haus in Tempelhof** Konzentrationslager 1933–1936 *
44 **Die Endlichkeit der Freiheit** Handbuch zu einem Projekt in Ost und West *
45 **Fritz Wisten · Drei Leben für das Theater** Stuttgart/Jüdischer Kulturbund/Berlin bis 1962

(* Stätten der Geschichte Berlins)

REIHE DEUTSCHE VERGANGENHEIT

(* Stätten der Geschichte Berlins)

Albrechtstraße 111/112 · 1000 Berlin 41 · Tel. 030/792 70 11 · Fax 030/792 94 28

Barbara Felsmann und Karl Prümm

Kurt Gerron – Gefeiert und gejagt

ISBN 3-89468-027-X

EDITION HENTRICH